내가 직접 설치하는
DIY
태양광발전

내가 직접 설치하는
DIY
태양광발전

박건작 지음

북스힐

머리말
Preface

최근 태양광발전이 떠오르고 있다. 그 이유는 지구의 환경악화와 온난화 방지를 위해 각국이 신·재생에너지 정책에 관심을 기울이면서 풍력, 태양광, 지열, 바이오 에너지 등이 그 대상이 되고 있는 가운데 특히 태양광이 여러 가지의 이점을 지니고 있으므로 보급차원에서 적극적인 국가의 지원이 따르고 있기 때문이다. 태양광은 무궁무진한 에너지를 보유하고 있는 무공해 에너지이며 여유가 있는 땅이나 수면을 활용하면 설치가 용이한 이점을 지니고 있다. 초기에는 모듈의 가격이 비싼 탓에 보급에 한계가 있었으나, 최근 반도체기술에 힘입어 와트당 모듈면적이나 가격이 크게 내려가고 효율 및 내구연한 또한 증가하면서 실용성이 입증되고, 탈원전 분위기에 동승하면서 태양광발전은 정부의 신·재생에너지의 핵심 축으로 등장하고 있다. 2006년도에서 2017년도까지 10년 동안 태양광 신규발전용량이 45 MW에서 909 MW로 20배 이상이 증가한 통계로 가늠하여 볼 때 더욱 그 보급 속도는 빠를 것이라고 예상된다.

이 책은 태양광발전에 관심을 갖고 있는 일반인이나 특히 태양광발전의 개인사업을 하고자 하는 이들에게 도움이 되는 지식을 제공하고자 '태양광발전이란 무엇인가?', '정부 지원책의 내용이 어떠한 것인가?', '투자해볼 가치가 있는가?', '투자 시 그 절차는 어떻게 진행해야 하며 그 과정에서 어떠한 점에 유의해야 하는가?' 등에 대해 자세히 사례를 들면서 설명하고자 노력하였으나 아직 부분적으로 미비한 점이 있으리라고 생각한다. 차후 기회가 되면 독자들에게 만족스런 책이 되도록 보완을 하고자 한다. 끝으로 이 책을 내놓기 위해 많은 조언과 협조를 아끼지 않으신 북스힐 출판사의 조승식 사장님과 기획과 편집에 수고하신 이들에게 진심의 감사를 표한다.

2018년 3월 초
저자

차례

머리말   4

PART 01   태양광발전이란?

태양광발전의 기초   11
주민 곁 태양광발전   15
국내 태양광발전의 분류   25
태양광발전 지원사업   27

PART 02   신·재생에너지

지구환경악화와 신·재생에너지   49
정부의 신·재생에너지 정책과 보급현황   53

PART 03   사업용 태양광발전

사업용 태양광발전의 제도변화   61
FIT와 RPA   62
RPS, REC, SMP   63
사업용 태양광발전의 수익금 구조   78

사업용 태양광발전의 수입증대 요소	83
태양광발전 사업 시 중요 고려사항	94
사업용 태양광발전소의 인허가 절차	102
ESS(에너지 저장 시스템)	115
태양광발전소의 운영, 유지 및 보수	123
태양광발전사업 관련 세무지식	125

PART 04 태양광발전사업의 미래와 Q&A

정부의 3020정책의 개요	133
태양광발전사업의 미래와 지향점	136
태양광발전에 대한 Q&A	138

부록

부록 1	태양광발전시설 허가 기준 – 개발행위운영규칙(조례)	159
부록 2	태양광 관련 서류서식	213

PART 01

태양광발전이란?

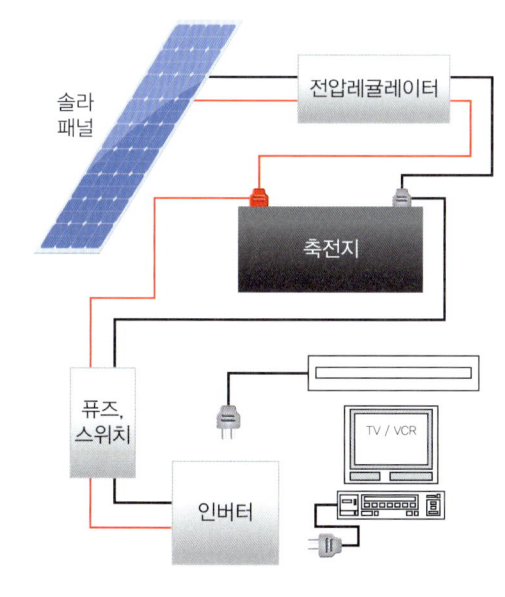

태양광발전의 기초

태양전지

태양전지란 태양으로부터의 빛 에너지를 전기 에너지로 바꾸는 전지를 말한다. 그 기본 소자는 솔라 셀(solar cell)이며 현재 실리콘 결정질로 만들어진 반도체 솔라 셀이 주로 사용되고 있다. 그 기본구조는 아래의 그림과 같다. 표면에 반사방지용 물질로 코팅된 접착제가 붙은 유리 덮개가 있으며 그 밑에 −전기를 띤 전하(⊖)의 n형과 +전기를 띤 전하(⊕)의 p형의 반도체 접합으로 구성되어 있다.

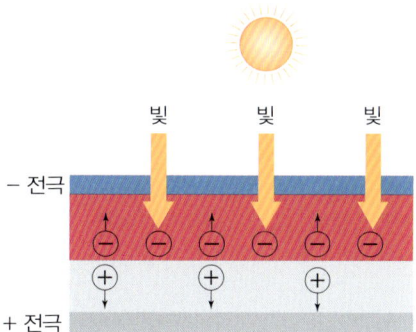

평소에는 np접합부에 형성되어 있는 전위장벽에 의해 n형의 −전하(⊖)와 p형의 +전하(⊕)가 물리적 균형을 이루고 있지만 태양의 빛이 솔라 셀 표면의 유리판을 거쳐 들어오면 n형 반도체 속으로 흡수

됨과 동시에 ⊖의 수를 더 증가시켜 p형 측의 +전하보다 n형 측에 더 많은 −전하가 축전된다. 솔라 셀의 np 표면 면적이 넓어질수록, 쪼이는 태양 빛의 광량이 많을수록 n형 측의 ⊖의 수는 더 많아지며, −전극과 +전극 사이에 부하가 연결되면 p형의 ⊕전하가 n형의 ⊖전하로 끌리게 된다. 여기서 −전하(⊖) 또는 +전하(⊕)가 이동할 때 전류가 흐르게 되므로 아래 그림과 같이 솔라 셀의 −극과 +극 사이에 직류램프나 직류 모터 등의 부하를 연결한다면 전류가 흐르게 되므로 램프가 점등 또는 모터가 회전한다.

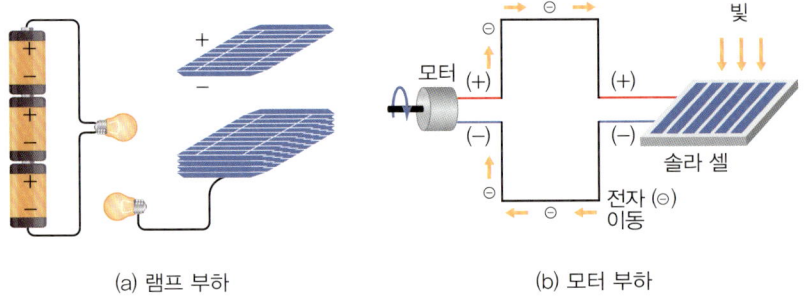

(a) 램프 부하   (b) 모터 부하

솔라 셀(solar cell)

반도체로 만들어진 상용 솔라 셀은 오른쪽 그림과 같으며 일반적으로 그 전압용량이 0.578 V 정도로 매우 작은 편이다. 그러나 최근에 개발된 PSC(Pervoskite Sollar Cell)는 1.2 V까지 증가되어 있다.

솔라 모듈(solar module)

솔라 셀은 그 전압과 출력전압이 낮으므로 출력전력을 높이기 위해서는 이들을 여러 개 직렬 및 병렬로 연결하여 그 전압과 전류를 증가시켜 사용한다. 아래의 그림은 솔라 셀을 직렬로 36개를 연결하여 개방 출력전압을 20 V로 만든 것으로 이를 솔라 모듈 또는 솔라 패널(solar panel)이라 한다. 현재 주택용 및 사업용 태양광발전에는 72셀이 많이 사용되고 있다.

솔라 어레이

주택용이나 상업용 발전소에 사용하는 솔라 모듈은 여러 개의 솔라 모듈을 조합해서 사용한다. 이를 솔라 어레이(solar array)라 하며 아래의 그림과 같다.

태양광발전 시스템

태양광으로부터 에너지를 흡수하는 솔라 모듈을 사용하는 방법은 크게 두 가지로 분류할 수 있다.

그 첫 번째는 태양광으로부터 직접 생산되는 직류전압을 이용하는 방법(다음 그림에서 ① → ② → ③)이며, 이는 정원 등이나 가로등에 직류전압을 직접 축전지에 저장했다가 저녁에 사용하는 경우에 해당한다.

두 번째는 직류를 교류로 바꾸는 방법(아래의 그림에서 ① → ④)이며 교류전력을 한전에 보내는 경우 또는 주택용 발전으로 주택에서 사용하고 남는 교류전력이나 상업용 발전소에서 생산된 교류전력을 한전으로 보내는 경우에 해당한다.

최근에는 대용량의 충전전지를 이용한 ESS(Energy Storage System)에 의해 낮에 충전해 놓았다가 밤에 축전된 전력을 공장이나 기타 소용기관에 인버터(④)를 거쳐서 교류전력으로 바꾸어 송전하기도 한다.

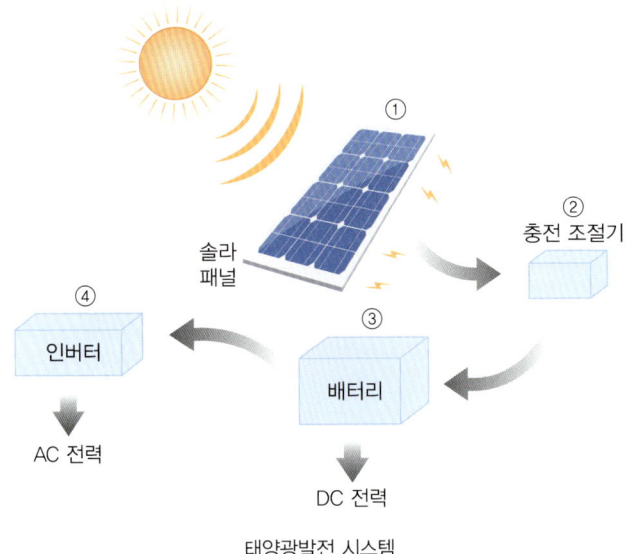

태양광발전 시스템

> **참고** kW와 kWh의 차이는?
>
> - kW : 전력단위로 1,000 W를 말함
>   * MW → 1,000 kW, GW → 1,000 MW를 표시.
> - kWh : 시간(hour)당 공급 및 소비전력을 말하며, 5 kWh 발전은 시간당 5 kW의 발전량을 뜻함.

주민 곁 태양광발전

미니 태양광발전으로 전기료 절감하기

미니 태양광발전

미니 태양광발전기란 아래의 그림과 같이 한 개 또는 두 개의 솔라 모듈에 의해 생산되는 전력을 인버터에 의해 직류전기를 교류전기로 바꿔서 마치 TV와 같은 가전제품처럼 연결된 플러그를 사용하여 가정의 콘센트에 꽂으면 한전에서 교체 설치해주는 전력계를 통하여 생산된 전력만큼 전력계의 지시가 줄어들어 전기료를 절감시켜 주는 제품이다.

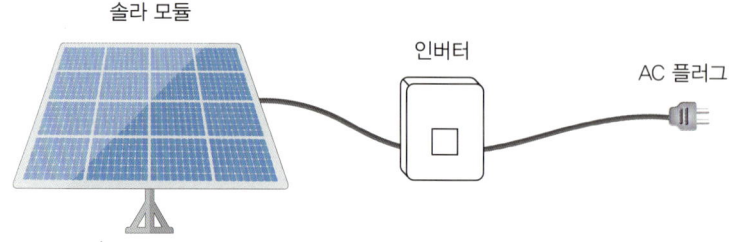

미니 태양광발전의 구성도

일반 가정에서 전기료를 절약하는 것은 알뜰살림에서 아주 중요한 일부분이 될 수 있다. 전기료의 누진체계만 잘 이해하면 미니 태양광발전기로 연간 10~20만 원 가량의 연간 전기료를 절약할 수 있다. 이해를 돕기 위해 이 점에 대해서 설명해 보기로 한다. 일반 가정의 월 전기료 계산표는 아래와 같이 사용량에 따라 누진체계가 적용된다.

주택용 한전 월 전기요금표

	기본요금(원)	전력요금(원/kW)
1단계: 200 kW 이하	910	93.3
2단계: 201 kW~400 kW	1,600	187.9
3단계: 400 kW 초과	7,300	280.6
*수퍼유저: 1,000 kW 초과	7,300	709.5

* 수퍼유저요금 적용기간: 7~8월, 12~2월
** 소수점은 절삭

예를 들어보면 200 kW와 201 kW의 누진체계 전기료는 누진범위 200 kW를 넘어서 201 kW 범위로 진입하면 불과 1 kW 차이로 1단계에서 2단계로 넘어가므로 전력요금이 19,570원에서 20,447원으로 877원이 더 비싸진다.

(1) 200 kW 시: 910 + (200 × 93.3) = 910 + 18,660 = 19,570원
(2) 201 kW 시: 1,600 + (200 × 93.3) + (1 × 187.9) = 1,600 + 18,660 + 187.9 = 20,447원 → (2)−(1)=20,447−19,570=877원

한 단계가 올라감에 따라 kW당 전력요금이 187.9원으로 적용되고 거기에 기본요금 또한 910원에서 1600원으로 증가되기 때문이다. 실제의 전기요금은 위의 계산표에 의한 전기료에 부가세 10%와 전력산업기반기금 3.7%를 추가한 값(1.137배)이므로 비교 시의 금액보다 11% 이상인 997원이 올라가는 셈이다. 만일 위 단계인 200 kW~400 kW에서 1 kW가 더 증가할 경우에는 65,764원에서 72,506원으로 증가폭이 더 큰 6,742원으로 증가한다.

따라서 이 결과로부터 깨달을 수 있는 것은 조금이라도 신경을 써서 경계전력 200 kW나 400 kW를 초과하지 않도록 하는 것이 전기를 절약하는 방법이라 하겠다.

일반 가정에서 사용하는 TV, 전기밥솥, 전자레인지, 인덕션 레인지, 커피포트 4개를 사용하지 않을 때 콘센트에서 뽑아내는 경우에 1대의 대기전력을 각각 0.5 W로 추정할 때 월 1.44 kW가 줄어든다. 월 전기료가 1.44 kW가 절약되므로 월 401 kW 사용 가구일 경우에 전기료는 399.56kW에 대한 전기료를 내면 되므로 약 6,780원의 전기료를 절감할 수 있다.

이 정도의 지식으로 미니 태양광발전기의 절감효과를 알아보기로 하자. 최근 서울특별시에서 처음 시작한 미니 태양광발전기 지원사업은 부산, 인천, 대구, 대전, 광주, 창원 등의 광역시를 비롯하여 안산, 시흥, 천안, 울산, 구미, 춘천, 전주, 순천시 등 전국적으로 확산되고 있으며, 구청 또는 시청 등에서 지원해주는 금액은 지역에 따라

다소 차이가 있으나 제품가격의 72%~85%까지 보조금을 지급하고 있다. 자세한 사항은 구청이나 시청의 에너지 또는 환경관련부서에 연락하면 알아볼 수 있다. 250 Wh, 260 Wh의 거치형 제품일 경우에 자기부담금은 19만 원 정도이다. 솔라 모듈 1개를 사용한 제품은 200 Wh, 250 Wh, 260 Wh, 2개를 사용한 제품은 500 Wh, 520 Wh, 600 Wh, 620 Wh의 제품이다. 여기서 Wh는 1시간에 얻을 수 있는 전력을 뜻한다. 제품은 베란다 난간이나 빈 공간에 받쳐놓는 거치형, 벽면에 고정시키는 콘솔형, 이동이 가능한 이동형 등이 있으며 참고로 수도권에서 많이 사용하는 각 사의 미니 태양광발전기의 제품가격은 아래 표와 같으며 ( ) 안은 자기부담금이다.

회사	형태	전력용량	제품가격	회사	형태	전력용량	제품가격
H	거치형	260 Wh	68만 원(9)	D	거치형	260 Wh	61.5만 원(15)
		520 Wh	123만 원(47)			520 Wh	123만 원(47)
	콘솔형	260 Wh	67.5만 원(16)		콘솔형	310 Wh	70만 원(12)
		520 Wh	127만 원(51)			620 Wh	140만 원(59)
K	거치형	260 Wh	63만 원(11.5)	M	거치형	250 Wh	73만 원(15.5)
		300 Wh	72만 원(14.5)			300 Wh	81만 원(16)
J	거치형	260 Wh	61만 원(9.5)		콘솔형	300 Wh	70만 원(12.5)
		300 Wh	69만 원(11.5)			600 Wh	130만 원(50)
N	거치형	250 Wh	59만 원(9)	W	거치형	250 Wh	68만 원(18)
		300 Wh	70만 원(12.5)			500 Wh	132만 원(57)

그렇다면 250 Wh의 제품으로 한 달에 얼마의 전력을 생산하는가를 계산해보기로 하자. 1일 일조시간을 3.5시간으로 추정할 때 다음의 계산과 같이 약 26 kW가 된다.

$$250 \text{ Wh} \times 3.5\text{시간} \times 30\text{일} = 26{,}250 \text{ W} = 26.25 \text{ kW}$$

이 전력이면 42″ LED TV(약 9 kW/월), 전자레인지(10 kW/월), 커피포트(7.5 kW/월) 각 1대를 사용할 수 있다. 만일 500 Wh의 제품을 사용하면 한 달에 250 Wh의 2배인 52.5 kW를 생산하므로 TV, 전자레인지, 커피포트 이외에 전기밥솥(10.5 kW/월), 87 L 소형냉장고(13 kW/월) 1대를 추가로 사용이 가능하다.

다시 앞에서의 누진 전기료 계산표를 근거로 해서 어느 경우에 몇 와트의 미니 태양광발전기를 사용하는 것이 유리한가를 정리해본다.

(1) 2단계인 201~400 kW의 사용량
 · 월 사용량이 320~330 kW인 가정에서는 → 260 Wh인 제품
 · 월 사용량이 331~350 kW인 가정에서는 → 520 Wh인 제품
(2) 3단계인 400 kW 초과 → 500 Wh, 520 Wh, 600 Wh, 620 Wh인 제품

을 사용하는 것이 바람직하다.

예컨대 월 450 kW를 사용할 때 520 Wh인 제품(월 54 kW 생산)을 설치한다면 54 kW를 뺀 396 kW로 줄어들므로 아래의 계산과 같이 월 16,000원 정도의 전기료를 절감할 수 있으므로 1년이면 192,000원, 연간 약 20만 원에 가까운 전기료의 절감이 이루어진다.

(1) 450 kW의 전기료: $7{,}300 + (200 \times 93.3) + (200 \times 187.9) + (50 \times 280.6)$
 $= 77{,}570 \to 77{,}570 \times 1.137 = 88{,}197$원
(2) 396 kW의 전기료: $7{,}300 + (200 \times 93.3) + (200 \times 187.9) = 63{,}540$
 $\to 63{,}540 \times 1.137 = 72{,}244$원
 따라서 월 절감액: $88{,}197 - 72{,}244 = 15{,}953$원

미니 태양광발전기를 모든 아파트나 단독주택에 설치할 수 있는 것은 아니다. 설치장소가 장애물에 의해 햇빛이 잘 들어오지 않거나 한정된 시간대에만 햇빛이 비친다면 솔라 모듈에서 충분한 전기를 생산하지 못하므로 각 제품의 정격출력이 제대로 나오지를 않는다. 따라서 이런 장소는 경제성이 없다. 햇빛이 잘 들어오는 정남향인 장소에서는 하루 3.5시간 이상의 일조량을 얻을 수 있으므로 설치를 권장하지만 3.0시간 정도이면 출력전력이 86% 정도밖에 나오지를 않으므로 이를 감안하고 설치해야 한다. 또한 설치장소의 안정성도 보장되어야 가능하다.

　2018년도 서울시의 200 W 이상~1 kW 미만에 대한 미니 태양광발전의 총 지원예산은 297억 원으로 책정되었으며 305 W 설비에 대한 시청 보조금 42만 7천 원, 구청 보조금 5~10만 원, 자부담금 10만 5천 원~15만 5천 원이다. 그 대상은 서울소재의 아파트, 단독주택, 상가건물이며 베란다형은 세입자도 신청가능하다. 그 절차는 아래와 같다.

　각 지역마다 책정된 지원예산이 한정되어 있으므로 공고(보통 연초) 후 일찍 신청해야 선정이 가능하다. 설치 업체에서 5년간 A/S를 책임지며, 그 이후는 소유자가 그 비용을 부담하게 된다. 설치 후 5년 이내까지 이사 시에는 구청 또는 시청에 보고해야 한다. 설비의 수명은 모듈이 20년 이상, 인버터가 5년이라지만 유지 및 관리에 따라 10년 이상 20년까지도 가능할 수 있다. 따라서 앞에서 언급한 바와 같이 연간 10만 원~20만 원이 절감되므로 설치비용의 회수기간은 1년에서 2년이면 가능하므로 12년 수명이라고 해도 100~200만 원의 수익성을 기대할 수 있으므로 충분히 설치효과가 있다고 볼 수 있다.

주택용 태양광발전으로 수익 챙기기

주택용 태양광발전

요즈음 '가정용 태양광발전 무료설치'라는 현수막이나 업체로부터의 주택용 태양광 설치전화를 자주 접하게 된다. 너무 많은 업체가 지나치게 홍보를 하는 탓에 일반인들이 혼돈하여 진실인지 거짓인지를 구분하지 못한 나머지 지인들에게 '정말 태양광발전이 도움(돈)이 되는 거야?'하고 묻는 일이 잦다.

결론부터 말하자면 도움이 되며, 투자선택을 위한 참고사항은 아래와 같다.

"3 kW 주택용 태양광발전"

▶ 자기자본 있으면 주택지원사업을 택하라. → 250만 원 투자
▶ 자기자본 없으면 대여사업을 택하라. → 0원 투자

아래와 같은 여건만 갖춰 있으면 3 kW 단독주택용 태양광발전 지원사업에 투자할 가치가 있다.
- 설치지붕이 정남향이다.
- 장애물에 의한 햇빛 차단이 없다.
- 주택옥상인 경우 장애물에 의한 영향이 없고 정남향 설치가 가능한 공간이 확보되어있다.

참고로 앞서의 3 kW 태양광발전기 설치 시 자부담 설치 시와 설비대여 설치 시의 수익에 대해서 비교하여 살펴보기로 한다.

| 자부담 설치 시 |

작년(2017년) 기준으로 시공업체의 3 kW 설치비용은 약 600만 원, 정부 지원금이 350만 원이므로 자기 부담금은 250만 원이 된다. 3 kW 태양광발전기의 월 발전량은 아래의 계산과 같다.

$$3 \text{ kW} \times 3.5\text{시간} \times 30\text{일} = 315 \text{ kW}$$

월 발전기의 생산량이 315 kW이므로 월 전기 사용량이 400 kW, 500 kW, 550 kW, 600 kW에 대한 월 전기요금 절감액을 전기요금 계산표에 근거하여 계산하면 아래의 표와 같다.

월 사용량 ①	3 kW 설비 발전량을 뺀 사용량 ②	전기요금(원)		절감액(원)
		설치 전(①)	설치 후(②)	
400 kW	85 kW	65,764	10,051	55,713
500 kW	185 kW	104,149	20,659	83,490
550 kW	235 kW	120,101	30,512	89,589
600 kW	285 kW	136,053	41,194	94,859

| 설비 대여 시 |

　정수기의 대여 방식처럼 설비(3 kW 태양광발전기)를 대여 받고 매월 45,000원씩(작년 기준) 설비업체에 사용료를 지불(결재통장으로 자동납입)하는 방식이다. 3 kW 설비의 월 발전량이 315 kW이므로 앞에서의 표로부터 월 전기 사용량이 500 kW인 경우의 절감액은 83,490원이다. 이 금액에서 매월 대여료가 통장으로 빠지므로 83,490 − 45,000 = 38,490원의 순수 월 절감액이 되는 셈이다.

| 상호비교 |

　자부담 시 250만 원을 은행에서 연 4.5% 이자로 대출한 경우의 월 지출액을 계산해보기로 하자.

$$(2,500,000 \times 0.045) \div 12 = 9,375원$$

　자부담 전기료 절감액 83,490원에서 이 값을 빼면 83,490 − 9,375 = 74,115원으로 설비 대여 시(38,490원)보다 35,625원이 많다.
　설비대여 쪽은 내 돈을 한 푼도 들이지 않고 설치할 수 있다는 매력과 정부가 신중히 선임한 대여업체에서 사후 책임 A/S를 보장한다는 장점이 있는데 반하여 수익 면에서는 자기부담 설치 쪽이 훨씬 유리하다고 볼 수 있으므로 선택은 소비자의 몫이라 하겠다. 특히 여유자금이 있어 은행대출 없이 자부담으로 직접 투자하면 더 많은 절감액을 기대할 수 있다.

새로운 매력, '농촌 태양광발전'

| 대상자 |

농업, 축산, 어업인으로 발전소 소재지 읍, 면, 동이나 연접한 읍, 면, 동 또는 직선거리 5 km 이내에 주민등록 1년 이상 되어 있는 자.

* 연접지역이란 읍, 면, 동 간의 경계가 닿아있는 지역을 말함

| 농어촌 태양광발전의 혜택 |

① 1.75%의 저렴한 연이율로 금융혜택이 주어진다(총 신청 시공비의 90% 정도 융자).
② 1 MW 이상의 사업에 주민 5인 이상, 지분 10~20% 이상 참여 시 발전수입 10~11% 증가혜택.
③ 시공비 중 연계 접속비용(약 234만 원)을 인하시켜준다.
④ 농지보전부담금을 50% 감면해준다(현 공시지가의 30% → 15%로).
⑤ 100 kW 미만의 주민참여형 협동조합 사업 시 한전 자회사에서 의무적으로 구입해준다.

종합혜택으로 농촌 태양광 발전사업은 자신의 토지만 있으면 소(小)자본으로 대출 60%인 100 kW의 개인사업자보다 약 10%~20% 정도의 발전수입을 더 올릴 수 있다.

국내 태양광발전의 분류

태양광발전은 주택용과 사업용의 두 가지로 크게 분류할 수 있으나 더 확대하여 분류하면 농지에 농사와 겸해서 태양광발전을 행하는 영농형 태양광발전이 포함될 수 있다.

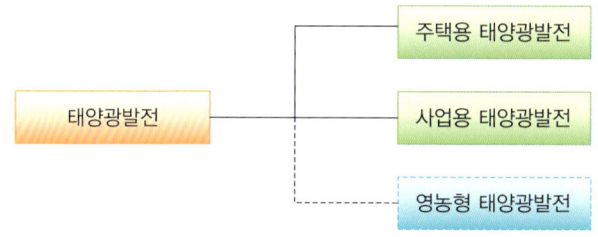

주택용

사업용

'영농형 태양광발전'은 농사와 겸해서 같은 토지의 위에 위치한 솔라 패널 간에 햇빛이 들어갈 수 있는 틈을 주고 태양광발전설비를 설치하여 벼도 생산하고, 전력도 생산하여 농가수입을 증대시키는 방법으로 기존의 사업용 발전에서의 음지식물인 버섯이나 인삼재배지에 설치한 것과 다르게 논이나 밭에 태양광에 의해 기존의 작물재배가 가능하다. 이 방식은 2017년 처음으로 전남 고흥의 논에서 100 kW 시험발전에 성공한 바 있으며 그 밖의 몇몇 지역에서도 시험 중에 있다. 이에 따라 산자부와 한국에너지공단에서는 여기에 필요한 정책준비에 들어갔으며 빠르면 2018년부터 각 도에 5 MW씩 총 40 MW의 규모로 시범사업이 진행될 예정이다. 이미 이웃 일본에서는 2012년부터 영농형 태양광발전을 검토하기 시작하였으며 최근 북부 우구도에 대규모인 430 MW의 발전소건립에 착수하였다. 이어서 시즈오카현, 스가시현, 나가시노현 등에서도 같이 착수하였다. 발전효율을 높이고자 기후나 계절에 따라 솔라 패널이 자동회전이 가능하도록 설계된 방식도 있다. 영농형 발전은 농가소득 증대나 토지의 효율적 이용의 장점이 있으나 토질의 변질이나 그 밖의 환경에 대한 영향, 입지여건의 제한 등 고려할 사항이 있으므로 이들에 대한 꾸준한 연구검토가 병행 중이다.

영농형 태양광발전

태양광발전 지원사업

개요

신·재생에너지사업에 대한 정부의 2016년 지원현황의 통계를 보면 태양광, 태양열, 소수력, 지열의 총 지원액 가운데 태양광에 지원된 금액은 전체의 93.4%로 태양광에 자원이 집중됨을 알 수 있다.

태양광발전 지원사업은 정부가 신·재생에너지 발전의 보급촉진 차원에서 연차계획에 의해 일정규모의 정부예산을 책정하여 지원하는 사업이다. 태양광주택 보급사업은 2006년 안동시 도산면 서부리 지역에 댐으로 인한 주민피해 지원대책의 일환으로 정부가 70%, 주민이 30% 부담하여 28가구가 84.4 kW의 태양광발전을 설치한 것이 최초였으며 2008년부터는 전 세계적인 고유가현상과 화석연료고갈을 방지하기 위해 신·재생에너지의 보급 및 확대대책으로 총 31가구에 대하여 정부 60%, 지자체가 10% 합해서 70%를 지원한 것을 시작으로 그 후 이를 건물이나 지역지원사업 등과 상업용에까지도 확대하였다.

주택용 지원 태양광발전

국내 태양광 지원사업의 종류

앞에서 분류한 주택용과 사업용 두 가지로 분류할 수 있으나 후자는 한전과 그 자회사 및 민간기업이 주관하는 사업이므로 제외하고 전자의 경우만 먼저 설명하기로 하고 사업용은 별도로 Part 3에서 다루기로 한다. 정부가 지금까지 지원해 온 태양광발전 일반 지원사업은 아래와 같이 네 가지로 구분된다.

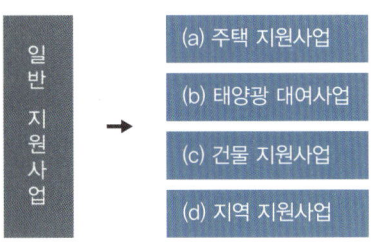

2013~2015년 3년간 추진실적은 아래와 같다.

(단위: 억 원)

구분	2013년	2014년	2015년
목표	2,000	2,000	5,000
실적	60	2,006	8,796

| 주택 지원사업 |

태양광주택사업은 일반적으로 주택의 지붕, 옥상 또는 창호 등에 3 kW 이하의 태양광발전시설을 설치하는 경우를 말한다. 그 대상은 단독주택, 공동주택 및 신축 중인 주택과 마을에서 10가구 이상의 주택 소유자가 지자체의 추천을 받아 신청하는 마을단위 신청자, 에너지 소외계층에 대한 공공주택 거주자들이 포함된다.

주택용 태양광발전

2016년까지의 주택보급실적은 아래와 같다.

(단위: 가구)

년도	~2010	2011	2012	2013	2014	2015	2016	계
주택 수	64,899	28,990	43,280	25,875	10,859	12,647	25,663	212,213
보급량(kW)	66,150	19,104	36,222	20,625	22,337	20,999	27,542	212,979
지원금(백만 원)	287,580	49,993	54,824	26,045	21,195	18,672	21,297	479,606

주택용 태양광발전 시스템은 그림과 같이 태양광발전설비에서 생산하고 남는 발전량은 한전으로(① → ③) 보내고, 모자라는 전력량은 한전으로부터 공급받으며(③ → ②) 각각 계량기가 따로 있다.

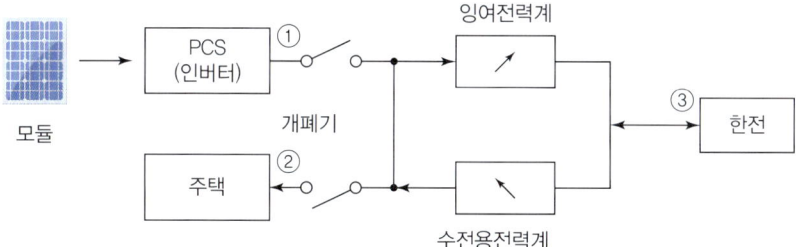

정부의 주택용 태양광발전 지원금액은 매년 초에 그 지원단가와 함께 공시되며 총 지원액이 한정되어 있기 때문에 일찍 신청해야 한다. 최근 각 지자체에서도 금액은 다소 달라도 보조금을 지급하는 곳이 늘고 있으므로 혜택을 받기 위해서는 서둘러 미리 알아보길 바란다.

[예] 설비용량 3 kW 설치 시 월 450 kW를 사용하는 주택에서의 경제성을 검토해보기로 한다. 단, 1일 일조시간을 3.5시간, 1개월을 30일로 계산.

(1) 450 kW의 월 전기요금: 81,716원
 * 아래의 한전 요금체계에 의한 계산 값 × 1.137

한전 주택용 전기(저압) 요금 기준표 (단위: 원)

구분	기본요금(원/호)	추가요금	
200 kW 이하	910	처음 200k Wh까지	93.3
201~400 kW 이하	1,600	다음 200k Wh까지	187.9
400 kW 초과	7,300	400k Wh 초과	280.6

(2) 3 kW 태양광발전기의 월 발전량: 3 kW × 3.5시간 × 30일 = 315 kW
(3) 사용용량은 450 kW인데 설비의 생산량은 315 kW이므로 계량기는 반대로(한전에서 주택 쪽으로) 돌아가며 이 전력량의 차이만큼 (450 kW−315 kW = 135 kW) 한전에 전기요금을 납입한다.
(4) 135 kW에 대한 전기요금을 요금 기준표로 계산하면 (135 × 93.3) + 910 = 13,505원, 이 금액에 부가세 10%, 전력산업기반조성비 3.7%를 추가하면 내야 할 금액은 15,355원. 따라서 절감액은 81,716−15,355 = 66,361원이 된다. 즉 한 달 요금이 약 66,000원이 절감된다.
(5) 3 kW설비 시공비가 600만 원 전후이고, 정부지원금이 350만 원 전후로 보면

(6) 6,000,000원−3,500,000원 = 2,500,000원의 투자가 된 셈이다.
여기서 자기자본이 없어서 연이율 5%의 은행대출을 받아서 설치할 때의 수익금을 계산해 보기로 한다.

(8) 250만 원의 연 이자는 250 × 0.05 = 125만 원이므로 월 이자액으로 환산하면 대략 월 1만 원 꼴이다. 절감액 66,000원에서 월 이자 10,000원을 뺀다고 해도 월 56,000원의 월 수익을 취하는 셈이다.

사실 위의 경제성 검토는 설비에 전혀 고장이나 성능저하가 없다고 계산한 결과이므로 절감액의 약 10%를 낮게 보고 계산해도 월 50,000원 이상의 수익을 취할 수 있다고 본다. 따라서 4년 2개월(50개월)이면 원금의 회수가 가능하다(50,000 × 50개월 ≒ 2,500,000원).

일반적으로 월 사용전력에 대한 권장설치용량은 아래와 같다.

월 사용량	설치용량
300 kW 이하	2 kW
300~350 kW 미만	2.5 kW
350 kW 이상	3 kW

3 kW설비인 경우 사용량 500 kW 이상일 때 수익성이 더 낫다.

사실 주택 태양광발전의 용량은 가정 전기요금이 누진제이므로 설치설비로 월 발전량을 차감하여 누진에 의한 전기료의 단계를 낮추어 상대적인 전기료를 낮추는 장점을 갖고 있다.

따라서 이 특성을 잘 이용하여 자신의 월 사용전기료에 가장 알맞는 설치용량이 얼마인가를 결정하는 것이 중요한 포인트라고 할 수 있다.

태양광주택사업의 신청절차는 아래와 같다.

신청자는 자부담금만 지정농협 가상계좌에 납부하면 참여기업체에서 나머지 절차를 책임지고 공사를 마친 뒤 10년~12년간 책임지고 A/S를 해 준다.

| 태양광 대여사업 |

단독주택 월평균 사용량 350 kWh 이상을 사용하는 가구 및 공동주택(전력사용량 제한 없음)을 대상으로 민간 대여사업체를 통해 간접적으로 지원하는 방식이며, 정부보조금 대신 대여사업자가 태양광설비 설치 후 유지 보수(A/S)까지 책임진다. 단, 공동주택은 입주자의 2/3 이상의 동의 및 입주자 대표로 하는 의결서가 첨부되어야 한다.

▶ 소비자: '대여료 + 전기요금'을 기존납부액 이하로 납부 → 비용절감

▶ 대여사업자: 대여료 + REP판매로 수익을 얻으며 소비자에게 설비유지 및 보수를 이행

대상자격	신청인
• 적정 태양광발전설치장소가 확보된 단독주택 • 전력계약종: 주택용(단, 일반용, 심야용, 농업용은 불가)	주택 소유주
• 적정 태양광발전설치장소가 확보된 공동주택	관리소장 또는 입주자 대표

단독주택 3 kW의 설치면적은 20 m^2~30 m^2 정도이다.
신청절차는 아래와 같다.

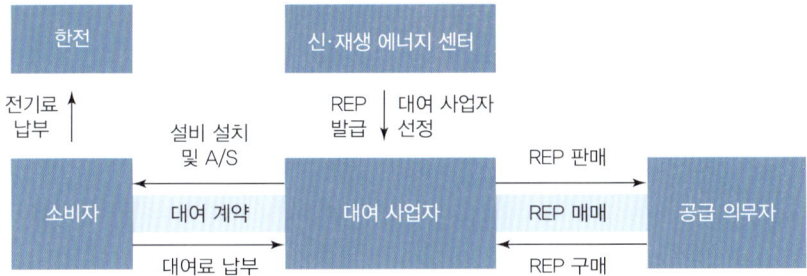

〈주〉 REP(Renewable Energy Point): 대여 사업자에게 정부가 발급해주는 신·재생에너지 공급인증서

태양광설비 대여 주택

대여업체는 신·재생에너지센터의 참여기업이어야 하며 월 대여료는 사용 모듈이나 인버터에 따라 다소 차이가 있지만 단독주택의 경우 월 대여료는 45,000원 전후이며 기본 계약기간이 7년이다. 계약기간이 끝나면 설비를 반납 또는 양도받을 수 있으며 추가로 8년을 연장할 수 있다.

> ▶ 대여사업의 특징
>
> - 초기 투자금액이 없다.
> - 계약기간 동안 책임 A/S, 발전량 보증, 보험보장 등에 대한 안정성의 보장이 있다.

2016년의 태양광 지역 지원사업의 예산액은 309억 원, 2015년까지 총 17개 시·도에 3,010개 사업, 7,716억 원을 지원하였으며 2017년은 13,000가구 14.5 MW로 책정되었다. 2017년 선정 태양광 대여 사업자는 에스파워, 태웅이엔에스, 해줌, 에너리스, 인피니티 에너지 등이 있으며 대여 사업자는 매년 신·재생에너지센터에서 선정, 공고한다.

2017년 단독주택 및 공동주택 대여료의 상한액은 아래와 같다.

구분	사업기간	단독주택		공동주택	
		REP (부가세 포함)	대여료 (상한액)	REP (부가세 포함)	대여료 (상한액)
기본	7년(최초 REP 발급 후)	234원/ kW	45,000원 일시불 350만 원	275원/ kW	18,656원
연장	8년(기본 약정 종료 후)	없음	20,000원	없음	8,464원

* 2018년도 대여사업의 일시납부금은 310만 원, 7년 분할납부금(대여료)은 월 4만 원 전후이다.

1) 단독주택

[예 1] 월평균 3 kW설비를 설치한 단독가구의 월평균 전력 사용량이 550 kW인 경우에 대여 설치 전과 설치 후의 비용을 계산해 보기로 한다.

아래에서와 같이 월 44,589원이 절약된다.

(단위: 원)

구 분	설치 전(A)	*설치 후(B)	대여료(C)	월 수익(A−B−C)
전기요금	120,101	30,512	45,000	44,589

* 3 kW 발전설비의 생산량은 315 kW이므로 550 kW−315 kW = 235 kW에 대한 전기료.

그러나 연장기간(8년) 동안에는 대여료가 월 20,000원으로 줄어들므로 45,000원−20,000 = 25,000원의 수입이 이 기간 동안에 증가하여 44,589 + 25,000 = 69,589원으로 올라간다.

그러나 실제 이 기간 동안에 3 kW의 발전설비의 발전량이 약 10%가 감소한다고 볼 때 설치 후의 발전량이 월 315 kW에서 월 283.5 kW로 감소하여 월 전기료가 증가하므로 월 수익은 약 7,500원 정도가 감소한 62,089원이 된다.

8년 연장 시 총 발전수익을 계산하면 아래와 같다.

기간	월 수익	총 수입
기본 7년	44,589	× 84개월 = 3,745,476원
연장 8년	62,089	× 96개월 = 5,960,544원
15년간 총 합계		9,706,020

동일한 월 전기 사용량 550 kW의 조건에서 (1) 단독주택용 지원과 (2) 주택용 대여에 대해서 7년간의 연 수익에 얼마의 차액이 발생하는지를 비교해 보기로 한다.

- 단순 비교: 대여인 경우 일시불로 350만 원을, 주택지원인 경우 설비비용에서 지자체의 지원비를 뺀 250만 원을 내야 한다. 이때의 단순 비교는 대여 쪽이 100만 원을 더 투자하는 셈이다.

따라서 이 금액(100만 원)을 5% 연이율로 은행에서 대출한다면 연이자는 5만 원이 되므로 이만큼 주택지원 대출 쪽이 금액상 유리하다. 그러나 전력보증, 보험 등의 안정성이 보장되는 대여 쪽과 상대적인 비교는 소비자의 몫이라고 할 수 있다. 즉, 차이 금액을 보증금이라고 간주하면 받아들일 수도 있기 때문이다.

> **참고** 대여 쪽이 100만 원을 더 투자하지만 만일 이 금액을 은행통장에 7년 동안 예치하여 연이율 2%의 이자를 받는다면 연간 2만 원을 받을 수가 있으므로 5만 원에서 2만 원을 빼면 연 3만 원, 즉, 월 2,000원의 비용으로 안정성을 보장받는 대금으로 간주할 수 있다.

태양광발전 아파트

2) 공동주택

공동주택 대여인 경우의 전기요금 절감액은 전력 사용량, 태양광 설비 발전량, 대여료 등에 따라 차이가 있다.

[예 2] 공동주택(아파트) 600가구, 60 kWh의 태양광설비를 설치하고 월 전체사용 전력량이 246,000 kW(공용 사용량: 15,000 kW)라고 할 경우의 월 수익금. 단, 월 대여료는 15,000원(7년)/8,000원(8년)으로 계산.

- 60 kWh 발전설비의 월 발전량을 6,300 kW 정도로 잡고, 초기 약정기간 7년일 때 월 대여료가 900,000원, 연장기간 8년일 때 월 대여료가 480,000원일 때 총 15년간 경제성을 계산해 보면 아래와 같다.

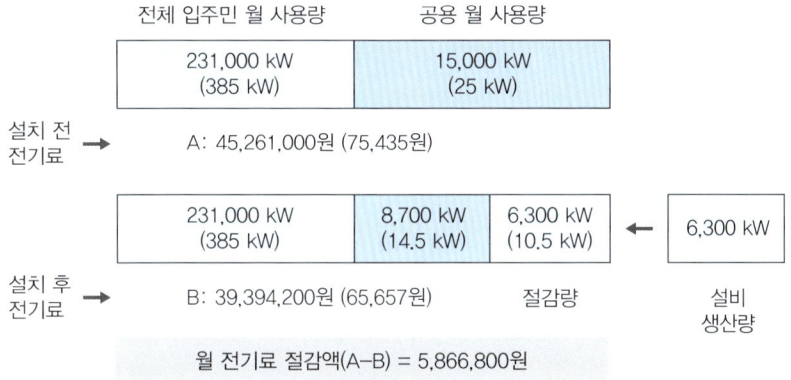

구 분	월 전기료 절감액	월 대여료	월 수익금
기본기간(7년)	5,866,800원	900,000원	4,966,800원
연장기간(8년)	5,866,800원	480,000원	5,386,800원
15년 평균 월 수익			5,190,800원
가구별 평균 수익: 5,190,800원 ÷ 600 = 8,651원			

3) 대여사업의 진행절차는 아래와 같다.

구 분	진행업무	비 고
소비자와 태양광 사업자 협의 (소비자+대여사업자)	- 태양광설비 (계통연계기준)	- 단독주택, 마을단위, 땅콩주택
계약 체결 (소비자+대여사업자)	- 표준계약서 체결	- 설비의 설치가능여부, 경제적 효과
설비설치 (대여사업자)	- 인증제품 사용의무	- 태양전지 모듈 및 인버터는 인증을 받은 제품을 반드시 사용
사용 전 검사 (대여사업자)	- 설치완료 후 전기안전 공사에 사용 전 점검요청	- 사용 전 점검 확인증으로 대상설비 확인 (인증제품, 설치용량 등)
월 대여료 납부 (소비자)	- 약정기간 월 대여료를 사업자에게 납부	- 전기료 절감 편익효과 - 사후관리 보장받음
설치 유지 및 보수 (대여사업자)	- 약정기간 동안에 걸쳐 대여사업자가 유지관리	- 약정기간에 걸쳐서 대여자는 설치된 태양광발전시스템의 성능유지 및 하자보증, 부품교체 등의 책임

| 건물 지원사업 |

　주택의 지붕, 창고, 축사 및 계사, 주차장 지붕, 일반건물 등에 정부가 설치비의 일부를 지원하는 사업으로 2017년 보조금 및 지원기준은 아래와 같다.

지원범위	지원예산	구 분	보조금(단위: 천 원)	
50 kW 이하	40억 원	일반	1,140/ kW	계통연계 기준
	20억 원	축사 및 축산시설	1,720/ kW	

① 국가가 소유·관리하는 건물, 시설물 등은 지원대상에서 제외.
② 축사 및 축산시설은 축산업 등록(허가)증을 취득한 자로, 축산업 등록(허가)증에 신고된 시설에 한함.
③ 그해 설치한 설비에 대하여 향후 3년 동안 연 1회 이상 사후관리를 의무적으로 실시하고, 그 결과를 센터에 보고하여야 함.
④ 타 지원사업으로 중복 지원받은 사업의 경우 사업취소사유에 해당됨.

태양광발전기 설치 건물

태양광발전기 설치 주차장

건물지원 절차는 아래와 같다.

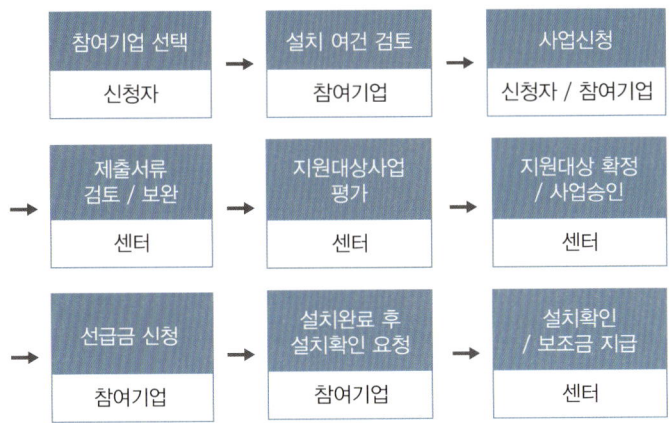

| 지역 지원사업 |

① 지자체 소유의 관리건물 및 사회복지시설(소요자금의 50% 이내).
② 초·중등 교육법 제3조에 해당하는 공립학교

위의 대상에 태양광을 설치할 경우에 정부가 일정 지원금을 제공하는 사업이다.

초등학교 지붕 설치 태양광발전

지역 지원사업의 절차는 아래와 같다.

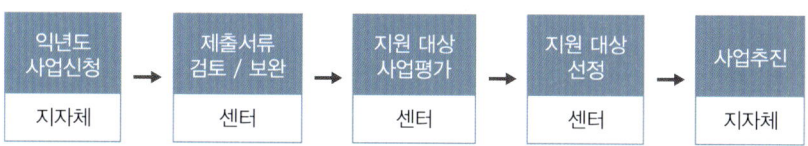

농촌 태양광발전사업 지원사업

농촌 태양광사업은 최근까지 설치한 태양광발전소의 대부분(60% 이상)이 농지, 임야, 축사 및 동식물시설, 목장 등으로 농촌 주민들이 아닌 외지인들이 설치하면서 설치지역민들의 수용성 부족으로 여러 가지의 장애요인을 파생시킴에 따라 정부가 신·재생에너지 보급·확대 및 농민들의 소득 증대를 위하여 많은 인센티브(혜택)를 제공하는 주민참여형 정책사업이다.

정부는 앞으로 2020년까지 농가태양광 발전소 1만호 보급목표를 아래와 같이 연차적으로 추진할 계획이다.

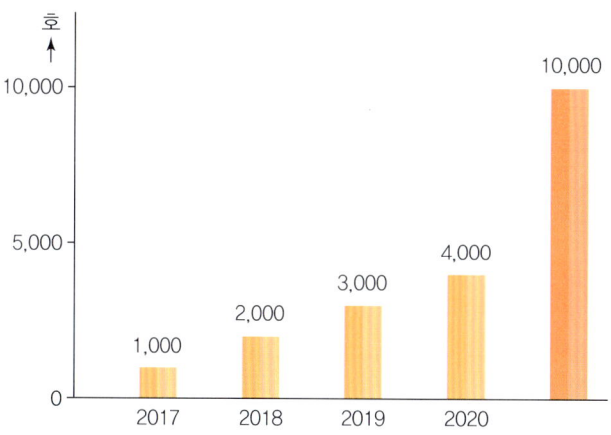

| 대상자 |

농업, 축산, 어업인으로 발전소 소재지 읍, 면, 동이나 연접한 읍, 면, 동 또는 직선거리 5 km 이내에 주민등록 1년 이상 되어 있는 자.

* 연접지역이란 읍, 면, 동 간의 경계가 닿아있는 지역을 말함.

1) 농업인: 1,000 m²(302평) 이상의 농지경작자(경영인)로 농지법 제2조 및 시행령 제3조에 해당하는 자, 국립농산물품질관리원의 농업인 등록확인서로 증명.
2) 축산인: 축산업과 촉진법 제22조에 따라 축산업 허가(등록)를 받은 자.
3) 어업인: 수산업, 어촌발전 기본법 시행령 제3조 제2항에 해당하는 자.

〈확인서 발급처〉

구 분	발급기관
농업인 등록 확인서	국립 농산물 품질관리원 지역사무소
어업인 확인서	지방 해양수산청
축산인 허가 또는 등록증	시청 또는 군청

| 혜택 내용 |

1) 농지보전부담금 공시지가의 30%에서 농촌 태양광발전사업(농업진흥지역 밖)은 50% 감면을 받으므로 실제 부담금은 15%로 감액.
2) 1 MW 이상의 농촌 태양광발전 사업에 참여 시
   ① 지역주민 5인 이상이 참여하고, 총 시공비의 지분이 10%일 때 REC 가중치 10% 가산.

② 지역주민 5인 이상이 참여하고, 총 시공비의 지분이 20%일 때 REC 가중치 20% 가산.
3) 정부정책자금 지원융자
   ① 대상: 농업인, 어업인, 축산인, 설치용량 500 kW 미만.
   ② 지원규모: 2018년 총 1,560억 원

구분			예산액
지원예산액	시설자금	생산자금	1,530억 원
		태양광	
		비태양광	
	운전자금		30억 원
	합계		

〈주〉 태양광 시설자금은 정책사업에 한하여 지원.

구분	자금용도	동일사업자당 지원 한도액	대출기간	이자율	지원비율
전력 기금	생산 및 시설 자금	100억 원 이내	5년 거치 10년 분할 상환	분기별 변동 금리 2018년 → 1/4분기: 1.75%.	중소기업: 90% 이내
	운전자금	10억 원 이내			중견기업: 70% 이내

③ 농협 및 6개 시중은행 참여

〈참고〉 금융지원은 매년 초에 공고되며, 2018년은 2월말에 접수 마감하였음.

4) 1 MW 이하의 농촌 태양광발전사업자가 부담하는 개별 접속비를 27% 인하(약 234만 원 절감)
   ① 농촌 태양광의 조속 연계접속을 위해 소요기간을 6개월 단축.

② 전기 안전관리자 상주고용범위를 종전 1 MW에서 3 MW로 상향 조정.
5) 장기고정가격(20년) 입찰 참여 시 가산점 부여.
6) 공기업 6개사(한전 자회사)가 협동조합, 농민이 생산한 200 kW 미만의 전력을 의무적으로 구매.

| 농촌 태양광사업 형태 |

1) **단독형**: 농업인 1인 참여, 창고, 축사 등 활용.
2) **공동형**: 농업인 2~4인 참여.
3) **조합형**: 5인 이상으로 조합설립, 1 MW 이상.
4) **지분형**: 5인 이상의 농업인이 외지인의 발전사업에 지분 형태로 참여. 단, 1인 투자금은 전체주민의 30% 이내로 제한, 금융 혜택 제외.

| 농촌 태양광발전사업 진행절차 |

사전 사업성 검토	: 지자체 인허가, 전력계통 접속, 설치장의 적정성, 수익성, 자금력 등
시공 계약	: 사업성 확보(검토) 후 사업자와 시공계약
인허가	: 발전사업 및 개발행위 허가, 농지, 산지 전용 허가
자금 조달	: 신·재생에너지 금융지원 사업 신청(농업인)
사용 전 검사	– 사용 전 검사 → 한국전기안전공사 – 전력수급계약 → 한전 또는 전력거래소
RPS 대상설비 확인	사용 전 검사 후 1개월 이내 → 신·재생에너지센터 (가중치 여부)
REC 장기계약	– 입찰시장, 자체계약을 통해 SMP+REC, 20년 계약 – 고정가격 체결 → 농업인과 공급의무자 – 입찰시장 참여 시 농촌태양광 우대

| 구비 서류 |

1) 2,000 kW 이하: 각서, 계약서(시공사와), 허가 신청서, 발전/개발행위 허가서, 사업자 등록증, 농업(축산, 어업)인 확인서, 신·재생에너지 설비 인증서, 사업계획서
2) 2,000 kW ~ 3,000 kW 이하: 상기 1) 서류 이외에 송전관계 일람표, 발전원가 명세서, 기술인력 확보계획서

| 추진방법 |

1) 시공업체를 통하는 방법
2) 지역농협을 통하는 방법

| 농촌 태양광발전사업의 금융지원 진행절차 |

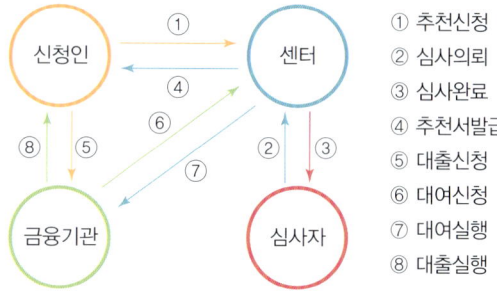

1) 추천 신청방법: 인터넷으로 www.knrec.or.kr 또는 www.energy.or.kr에서 → 전자민원(상단/하단) → 신·재생에너지 → 금융지원신청

> 대출취급은행: 한국산업은행, 중소기업은행, 국민은행, 우리은행, 한국스탠다드차타드은행, 신한은행, 한국씨티은행, 신한은행, 경남은행, 광주은행, 대구은행, 부산은행, 전북은행, 제주은행, 농협, 수협.
>
> * 금융기관은 신청자가 자율적으로 결정하며 은행과 대출가능 여부 협의(담보 필요)

2) 구비서류

순번	내 용	비고
1	각서	www.knrec.or.kr → 사업안내 → 신·재생에너지정책 → 금융지원 → (하단)관련자료 서식다운로드 → 작성
2	계약서	신청인과 시공업체
3	견적서	신청인과 시공업체
4	사업자 등록증	법인사업자는 중소기업 확인서, 2인 이상 사업체는 주주명부
5	시공업자 사업자등록증	관할 세무서
6	융자금대출 심사가능 확인서	www.knrec.or.kr → 사업안내 → 신·재생에너지정책 → 금융지원 → (하단)관련자료 서식다운로드 → 작성
7	부지관련 확인서류	등기부등본, 소유주 등기등본, 소유주 인감증명, 임대인 경우에는 임대차계약서 또는 토지사용승낙서, 소유주 등기등본, 소유주 인감증명
8	발전사업 허가증	관할 시청(군청)
9	개발행위 허가서	관할 시청(군청)
10	농, 어업, 축산인 확인서	해당 기관

PART 02

신·재생에너지

지구환경악화와 신·재생에너지

현대 문명의 발달과 산업화로 생긴 수많은 자동차와 공장들에서는 대량의 이산화가스 및 기타 유해가스의 배출로 지구환경을 오염시키고 지구온난화를 촉진시키고 있으며, 여기에 각종 산업폐기물과 어둠을 밝히기 위해 사용되는 각종 가스조명 등 또한 가세하고 있다. 우리 인간은 아이러니컬하게도 한편으로 문명의 혜택을 누리면서 다른 한편으로 지구환경악화로 인한 재앙에 직면해 있다.

지구온난화로 인한 가뭄, 홍수, 기상이변, 곡물생산량의 감소현상, 또한 빙하의 감소에 따른 해수면의 상승 등으로 각 곳에서 침수현상들이 발생하고 있다. 따라서 세계 각국들은 악화되어가고 있는 지구환경의 개선을 위해 다양한 대책을 강구하거나 실시 중에 있으며 국제적인 동조를 통해 이 문제를 해결하고자 노력하여 왔다. 그간의 주요 국제협약을 요약해 보면 아래의 표와 같다.

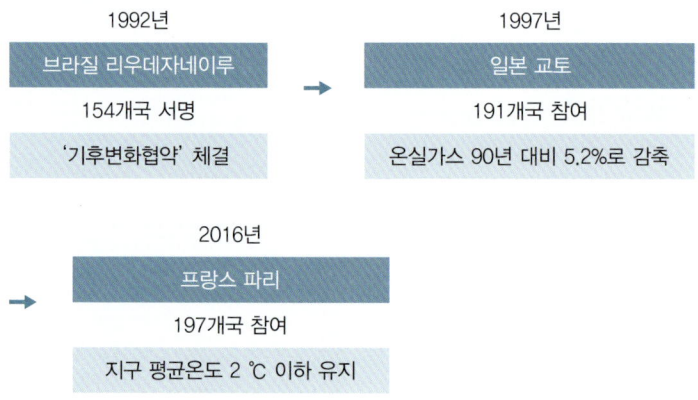

세계 각국들이 관심을 가지고 추진하고 있는 대책 가운데 대표적인 것으로 휘발유나 가스를 사용하는 자동차 대신 전기(전지)자동차나 수소 등 바이오 연료로의 대체, 진공가스가 유입된 조명등을 LED 조명으로의 교체, 석탄화력 및 원자력발전을 신·재생에너지로의 대체 등이 있다.

세계 각국의 온실가스 감축목표에 대한 정책을 간단히 정리해보면 다음의 표와 같다.

구 분	기준년도	목표년도	감축비율
미국	2005	2025	26~28%
EU	1990	2030	40%
일본	2013	2030	26%
중국	2005	2030	60~65%

여기서 주목해야 할 사항은 선진국들이 우선시하고 추진 중인 에너지대책의 변화가 신·재생에너지로의 점진적인 대체계획이라고 볼 수 있다. 2015년 전 세계 재생에너지발전의 신규설치 용량과 증가율, 아시아, 유럽, 북아메리카의 국가들이 차지하는 비율은 아래의 표와 같다.

구 분	설치용량	비 고
전 세계	152 GW	전년 대비 8.5% 증가
아시아, 유럽, 북아메리카	132.24 GW	전 세계용량의 87%

2015년 개발도상국의 신·재생에너지발전의 투자액(1,560억불)이 선진국(1,300억불)을 추월하였으며 중국이 전체 투자액의 36%로 1위를 차지하는 등 아시아 국가의 투자액이 눈에 띄게 증가하였다. 2015년 현재 전 세계 신·재생에너지분야 관련 종사자 수는 석탄산업분야 종사자의 약 4.7배인 40만 명에 이르고 있다. 2000년~2014년까지 총 투자액은 1조 2100억불에서 매년 평균 약 8%씩 증가되었으며 2016년 기준 전 세계 재생에너지 총 발전량은 1,985 GW로 매년 증가하고 있다. 이와 같이 아시아를 포함한 전 세계 각국이 신·재생에너지 분야에 적극적으로 투자를 높여가고 있는 현황이다. 신·재생에너지원으로는 태양열 및 태양광, 풍력, 바이오, 폐기물, 지열, 수력

등이 있다. 2014년 기준 세계의 1차 에너지 대비 신·재생에너지의 발전량 비율은 4.92%이며 이 중 폐기물, 바이오가 70.6%, 태양광과 풍력이 6.8%를 차지하고 있으나 아래의 표에서 보듯이 최근 태양광과 풍력의 비중이 점점 커져가고 있다.

구 분	생산량 비율	발전량 비율
1차 에너지 대비	4.08%	4.92%
바이오 및 폐기물	84.3%	70.6%
태양광, 풍력	6.8%	13.6%

2010~2014년의 5년간 세계 신·재생에너지의 전력 증가율은 아래의 도표와 같이 전체 전력 증가율에 비해 큰 폭으로 상승하였다.

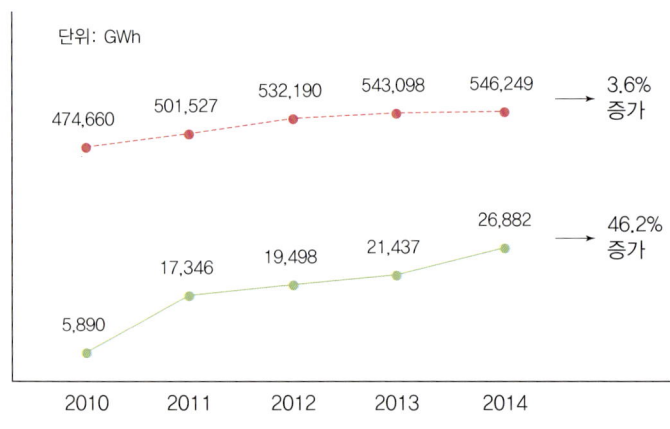

정부의 신·재생에너지 정책과 보급현황

한국의 1988~2006년까지 신·재생에너지의 연구개발비 투자 및 성공률과 상용화 실적은 총 약 7천6백억 원, 상용화 성공률은 약 15.8%에서 31.25%로 매 9년마다 7.5% 이상 증대되었으며 실제 상용화 매출액은 2,803억 원에 도달했다.

분야별 투자액 순위는 수소 및 연료전지(31.2%), 태양광(16.2%), 풍력(12.1%), 바이오(8.4%), 폐기물(7.0%)의 순위이며 1차 에너지에 대한 신·재생에너지의 공급비율은 매년 평균 0.2% 정도씩 증가하여 왔다.

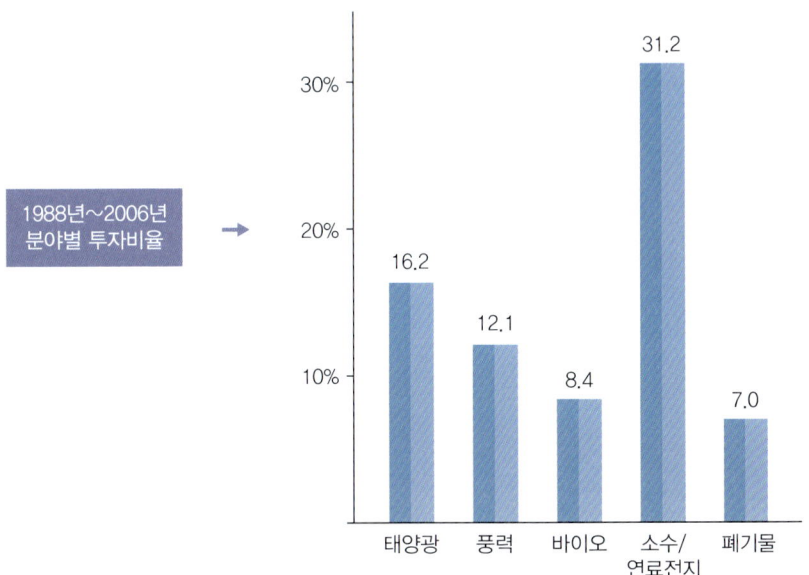

정부의 대체에너지 정책을 살펴보면 다음과 같다.

① 1987년 제정한 대체에너지개발촉진법을 1997년 12월 대체에너지개발 및 이용·보급 촉진법으로 개정하여 태양열, 태양광, 폐기물, 바이오 등 여러 대체에너지 보급기반을 조성하였다.
② 2002년 2월 대체에너지 개발 및 이용·보급센터를 에너지관리공단에 부설기관으로 설립한 뒤 한 달 뒤인 3월에 대체에너지 산업의 육성을 위한 발전차액보전, 공공의무화 및 대체에너지 설비 인증제도를 도입하였고 같은 해 12월에 제2차 대체에너지 개발 및 이용·보급 10년(2003~2012)계획을 수립하였다.
③ 그 뒤 2004년 대체에너지를 신·재생에너지로 개명하여 신·재생에너지의 범위를 확정하였으며, 공공의무화제도의 시행을 위한 하위규정을 구체적으로 법제화하여 시행하게 되었다.
④ 2005년 한국전력, 남부발전 등 6개의 발전사, 수자원공사, 지역난방공사와 정부 간의 RPA협약을 통해 신·재생에너지 보급시장을 확대하였다.
⑤ 2006년 10월 발전차액 지원제도 기준가격의 재조정을 통한 태양광, 바이오 등 신·재생에너지 산업화 유도를 실시하였다.
⑥ 2012년 RPA제도를 RPS제도로 개선하여 500 MW 이상의 발전설비를 보유한 18개의 발전사업자들에게 총 발전량의 일정 비율 이상을 신·재생에너지로 정부에 공급하도록 하였다.

년도	1987	1997	2002
내용	대체에너지 촉진법제정	'대체에너지개발 및 이용·보급 촉진법'으로 개명	2월: 대체에너지개발센터를 에너지관리공단에 개설 3월: 발전차액 보전, 공공 의무화 및 대체에너지 설비인증제도 도입

년도	2004	2005	2006
내용	'대체에너지'를 '신·재생에너지'로 개명	6개 발전사 및 수자원공사, 지역난방공사와 정부 간의 RPA협약 체결 → 신·재생에너지 보급시장 확대	발전차액 지원제도 기준가격의 재조정 → 신·재생에너지의 산업 유도화

2010~2014년 5년 동안 신·재생에너지의 기업 수는 1.6배, 매출액은 1.3배로 성장하였으며 산업유발 효과가 큰 태양광, 풍력의 양대 분야 중심으로 성장하였다.

국내에 보급된 신·재생에너지설비는 2016년 현재 약 15.0 GW이며 전체 설비 중 태양광이 4.5 GW, 풍력이 1.0 GW로 전체의 36.7%를 차지하고 있다.

총 보급설비 용량	태양광	풍력	기타
15.0 GW	4.5 GW	1.0 GW	9.5 GW
점유비율	36.7%		63.3%

태양광 보급률이 풍력보다 앞서고 있으며 그 이유는 풍력설립을 위한 국내입지여건이 상대적으로 좋지 않다는 점에 있다. 예컨대 한국의 풍력 잠재량은 독일의 1/25에 지나지 않는다.

정부는 RPS 도입 후 아래와 같은 효과가 있다고 본다.

① 신·재생에너지 투자확대
② 정부지원 증대
③ 자재, 설비 등의 가격절감

2005년에서 2016년까지 신·재생에너지발전 현황 추이는 아래의 도표와 같다.

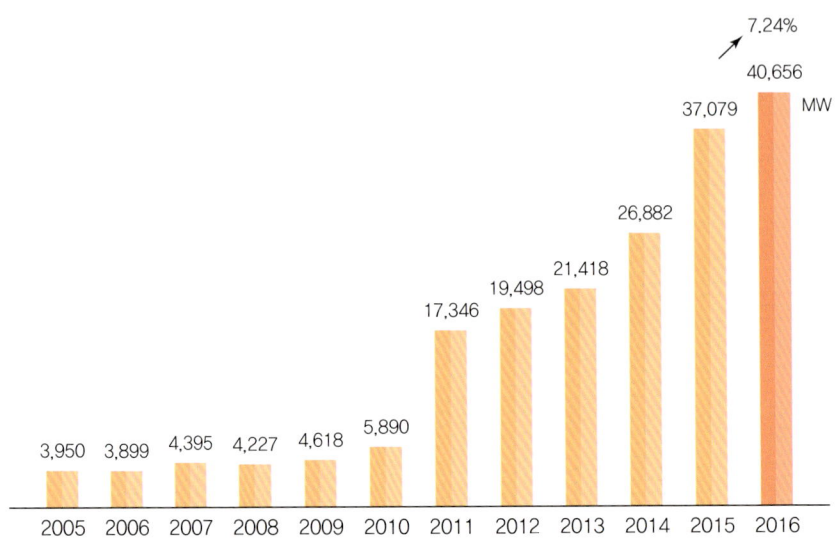

특히 2012년 RPS(공급의무)제도가 도입된 후 5년이 지난 2017년 말의 설치용량과 발전소 개수는 아래의 표와 같으며

설치용량	7,555 MW
설립 발전소 수	20,338개소

정부의 신·재생에너지 정책은 향후 20년간 1차 에너지 연평균 신·재생에너지의 평균 증가율 및 연평균 증가율 목표를 아래와 같이 계획하고 있다.

1차 에너지 대비 증가율	0.7%
향후 증가율 목표	1.8%

지금까지의 내용으로 종합해 볼 때 정부가 신·재생에너지에 대

한 투자비율을 늘리고자 하는 정책을 읽을 수가 있으며 그 가운데 태양광사업에 더 많은 비중을 두고자 하는 이유는 첫째로 국내 대기업들이 태양광용 반도체 칩이나 모듈을 대규모로 생산하여 세계시장을 확대함으로써 그 기반여건이 조성되었다는 점과 둘째로 현 정부의 탈원전 대책으로 가장 실현 가능성이 높은 대체수단이며 셋째로 풍력보다 입지여건이나 경제성에서 유리한 점 등이라고 볼 수 있다.

PART 03

사업용 태양광발전

사업용 태양광발전의 제도변화

사업용 태양광발전은 상업용 태양광발전이라고도 하며, 한전에서 전력수요자에게 요금을 받고 전기를 파는 것처럼 태양광발전소 소유자가 정부(한전 또는 전력거래소)에게 전기를 팔아 수익을 올리는 사업이다. 여기서 정부가 사들이는 전력가격은 일반 전력요금보다 비싸다. 그 이유는 앞서 설명한 바와 같이 태양광을 포함한 기타의 신·재생에너지전력을 비싸게라도 매입해줌으로써 신·재생에너지의 보급을 확대하여 기후변화나 온실가스를 감축시켜 지구환경악화를 예방하기 위한 정책 때문이다. 정부는 신·재생에너지 보급 및 촉진 차원에서 여러 가지의 제도를 도입하여 시행하여 오면서 미비점을 지속으로 보완하고 있다. 따라서 태양광발전에 관심이 많은 개인이나 법

사업용 태양광발전

인은 이러한 제도의 변화를 잘 파악해야 하며 이를 위해서는 신·재생에너지에 관한 몇 가지에 용어에 대해서 우선적인 이해가 필요하다.

FIT와 RPA

신·재생에너지 발전사업자가 생산한 전력의 거래가격이 산업 자원부장관이 고시한 기준가격보다 낮은 경우에 그 차액, 즉 발전차액을 정부가 지원해주는 제도가 FIT(Free-In-Tariff)이며 독일에서 최초로 도입한 제도이다. 2011년에 중지되었으나 정부는 2018년 이후에 다시 부활시킬 계획이라고 한다.

FIT	발전차액 지원제도

예를 들어 설명하면 일반 전기요금이 kW당 150원일 때(사실은 누진제로 사용량에 따라 다르고, 공장, 농업용 등은 다소 다르지만) 신·재생에너지 발전사업자가 생산한 전력원가가 180원이라면 거기에 이익 15%를 가산해서 kW당 207원의 보조금을 준다는 식이다. 결국 일반 전기료보다 57원(207원-150원)의 차액을 정부가 발전사업자에게 돌아가도록 해서 사업성을 보장해 주는 방식이다. 정부의 FIT 보조금은 적용시점(보통 월 단위)에서 여러 가지의 요소를 반영하여 결정하는 가격을 기준가격으로 정한다. 이 FIT제도의 시행을 위해 정부가 2009~2011년에 신·재생에너지 발전량으로 500 MW를 배정하였으

나 의외로 배정량이 2009년에 일찍 마감이 되었다. 따라서 2011년까지의 공백기를 해결하고자 정부는 2005년 7월 9개 공기업들과 체결한 RPA(Renewable Protofolio Agreement)제도를 통해 2009년~2011년까지 60 MW의 공급량을 해결하였으며 정부는 이들 9개 공기업들과 신·재생에너지 개발 및 공급계획을 수립하여 3년간(2006년~2008년) 1조 1000억 원을 투자하였다. 이 공급시범사업은 2012년부터 RPA의 개량형태로 시행하게 되는 RPS(Renewable Portfolio Standard)의 전단계사업이라고 볼 수 있다.

RPA	정부와 9개 공기업 간의 '신·재생에너지 자발적 공급협약'

9개 공기업: 한국전력, 한국수력원자력, 한국수자원공사, 한국지역난방공사, 한국남동발전, 한국중부발전, 한국서부발전, 한국남부발전, 한국동서발전

RPS, REC, SMP

RPS(Renewable Portfolio Standard)제도는 500 MW 이상의 발전설비를 보유한 18개 발전사업자(공급의무자)에게 총 발전량의 일정 비율 이상을 신·재생에너지를 이용하여 정부에 공급하도록 의무화하는 일종의 '의무 할당제'를 말한다. 2024년까지 그 할당비율과 의무공급량(2017년까지) 계획은 다음과 같다.

구 분	2012	2013	2014	2015	2016	2017	2018	2019	2020
비율(%)	2	2.5	3	3	3.5	4	4.5	5	6
의무공급량(MWh)	6,420	9,210	11,577	12,375	15,081	17,043	–	–	–

구 분	2021	2022	2023	2024 이후	2024 이후
비율(%)	7	8	9	10	10
의무공급량(MWh)	–	–	–	–	–

2017년까지는 매년 0.5%씩 증가시키지만 2019년부터 매년 1%씩 의무비율을 증가시켜가겠다는 계획이다. 2012년부터 시행한 RPS는 화석연료 발전사업이나 원자력발전에 비해 그 생산원가가 비싼 신·재생에너지의 발전사업자를 보호하여 그 보급을 확대하고자 신·재생발전사업자로 하여금 국가 총 발전량(신·재생에너지 발전량 제외)의 일부를 신·재생에너지로 생산하여 정부에게 의무적으로 공급하도록 한 제도이다. 정부가 2011년까지 시행해 온 FIT제도를 RPS제도로 바꾼 이유는 FIT제도 하에서 신·재생에너지 보급량이 크게 증가할수록 발전차액 보조금이 늘어남에 따라 정부의 재정부담이 커지게 되므로 신·재생에너지의 보급 및 확대를 꾀하는 한편, 안정적이고 경쟁적인 시장구도를 유도하여 같은 보급량 증가분에 대한 설비보급 비용을 줄이자는 취지라고 볼 수 있다.

RPS 정부가 18개 대형 발전사업자에게 자체 총 발전량(신·재생에너지 발전량 제외)의 일정비율을 의무적으로 신·재생에너지로 공급하도록 한 일종의 의무 할당제도

18개 대형 발전사업자: 한국수력원자력, 한국수자원공사, 한국지역난방공사, 한국남동발전, 한국중부발전, 한국서부발전, 한국남부발전, 한국동서발전, SK E&S, GS EPS, GS파워, 포스코에너지, 씨지앤율촌전력, 평택에너지서비스, 대륜발전, 에스파워, 포천파워, 동두천드림파워

앞에서도 언급했듯이 2012년 시행에 들어간 RPS제도의 근본 취지는 정부의 지원예산을 절감하고자 하는 것과 신·재생에너지 보급 확대를 위해 정부의 직접 재정개입이 없이 대형 발전사와 전력거래소로 하여금 시장거래를 통해 합리적인 전력가격의 형성을 유도하고자 하는 것이었다. RPA와 RPS는 신·재생에너지를 대형 발전에게 일정량을 할당하는 점은 같지만 전자는 후자를 시행하기 이전의 시범사업이라는 점에서 차이가 있다고 보면 된다.

앞으로의 설명에서 혼돈을 피하기 위해 RPS 이행 당사자인 공기업 및 대형 발전사업자를 '발전전력 공급의무자' 간단히 <u>공급의무자</u>로 민간 소규모의 신·재생에너지 발전회사를 간단히 '<u>발전사</u>'로, 발전사에게 발전소 시공의뢰 또는 분양을 받는 개인 발전사업자를 '<u>개인사업자</u>'로 표현하기로 한다. 발전사는 물론 사업과정에서 이익을 취하기는 하지만 그 역할이 정부의 신·재생에너지발전정책의 '도우미'라고 보면 된다.

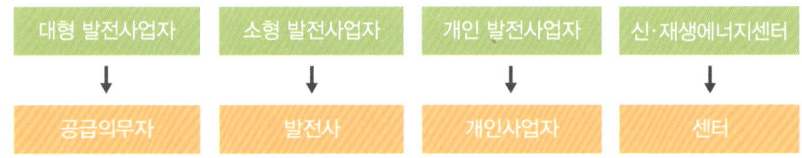

REC란?

REC(Renewable Energy Certificate)란 공급의무자가 신·재생에너지를 이용하여 전기를 생산하여 공급하였음을 증명하는 인증서이다. 의무공급량을 REC로 이행해야 하는 공급의무자는 의무공급량보다 자체에서 발전소를 신규로 추가로 설치하는 발전량이 모자라므로 외부 발전사로부터 REC를 매입하여 충당할 수밖에 없다.

한편 개인사업자가 발전소를 건설하여 발급받은 REC를 현금화하는 방법은 아래의 두 가지가 있다.

> (1) 공급의무자와 '고정가격계약'에 의해 20년간 고정가격의 REC를 판다.
> (2) 거래시장에서 REC를 판다.

따라서 공급의무자는 개인사업자로부터 매입한 REC를 다시 매입하여 충당하는 방법과 소규모의 태양광발전 대여사업을 하는 다른 발전사가 확보한 REP를 매입하는 두 가지의 방법으로 공급의무량을 채워야 한다. 만일 공급의무량을 다 채우지 못한다면 미달용량에 대해서는 과징금을 정부에 납부하여야 한다.

아래에 발전사업허가 후 REC 발급 및 거래까지의 절차를 표로 나타내었다.

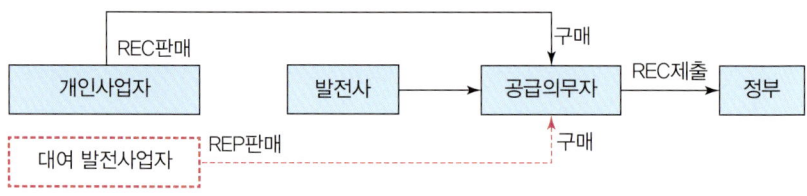

* 〈주〉 화살표 시작이 판매 측이고 화살표 끝이 구매 측이다.

여기서 REC의 매매과정을 쉽게 요약하면 개인사업자 또는 소규모 발전사업자가 신·재생에너지를 생산한 뒤 발급받은 REC를 RPS 공급의무자에게 팔며, 공급의무자는 다시 그 수행실적을 인정받기 위해 구입한 REC를 정부에게 제출하는 것이다.

상업용 태양광발전의 사업진행 과정에서 RPS와 더불어 REC는 서로 연관성이 깊은 용어이다. 먼저 REC 발급절차와 RPS 업무체계에 대해서 도표를 곁들여 설명하기로 한다.

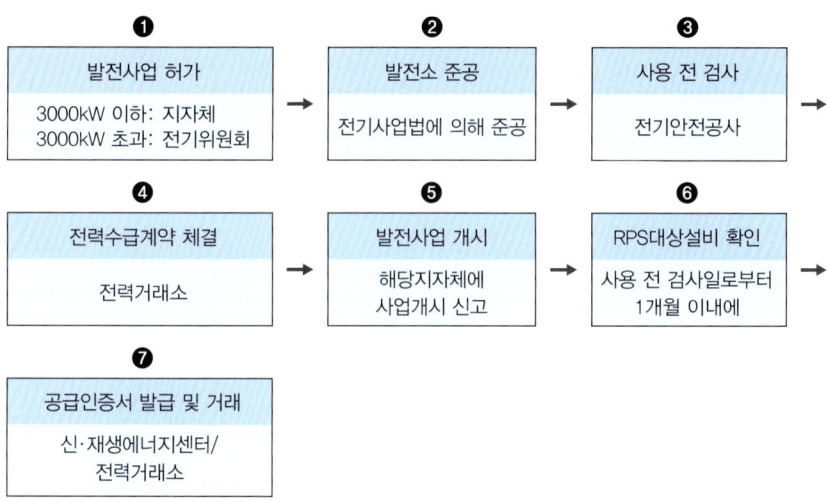

위에서 RPS대상설비 확인절차(❻)는 아래와 같다.

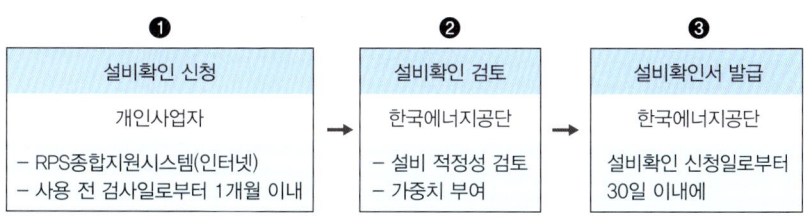

앞에서 개인사업자가 RPS대상설비 확인 후의 다음 단계(공급인증서 발급 및 거래)를 좀 더 자세히 설명하면 아래의 표와 같다.

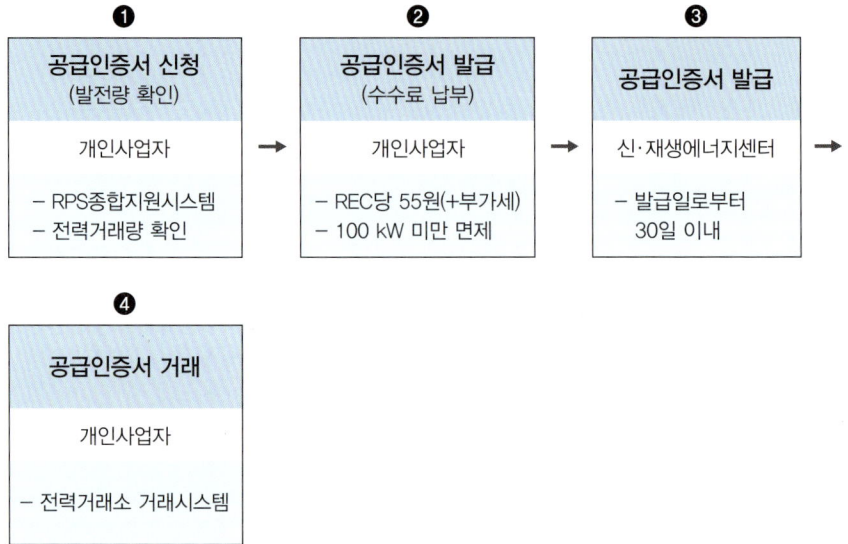

REC의 발급은 에너지관리공단의 부속기관인 신·재생에너지센터에서, 거래는 전력거래소에서 수행하며 REC의 거래단위는 1 MW (1,000 kW)이다. 거래단위가 1,000 kW이므로 1,300 kW인 경우는 300 kW를 남겼다가 추후에 700 kW를 보태서 한 단위로 만들어 거래해야 한다. 대부분의 개인사업자는 1,000 kW(1 MW) 미만이므로 뒤에서 언급하겠지만 장기 고정가격 계약을 통해서 한전에 REC를 매매하거나 전력거래소에서 입찰경쟁을 통해서 매매할 수 있다. 또한 공급의무자는 공급의무량을 거래시장에서 매입하여 자체발전량 또는 자체발전량 REC로 정부로부터 할당받은 공급의무량을 이행해야 한다. 개인사업자는 고정가격계약을 선택하거나 전력거래소의 현물시장에서 경쟁 입찰에 참여하여 판매할 수 있으며 이때 REC의 유효기간은 3년이다.

지금까지의 RPS 업무내용을 도표로 종합·정리하여 나타내면 아래와 같다.

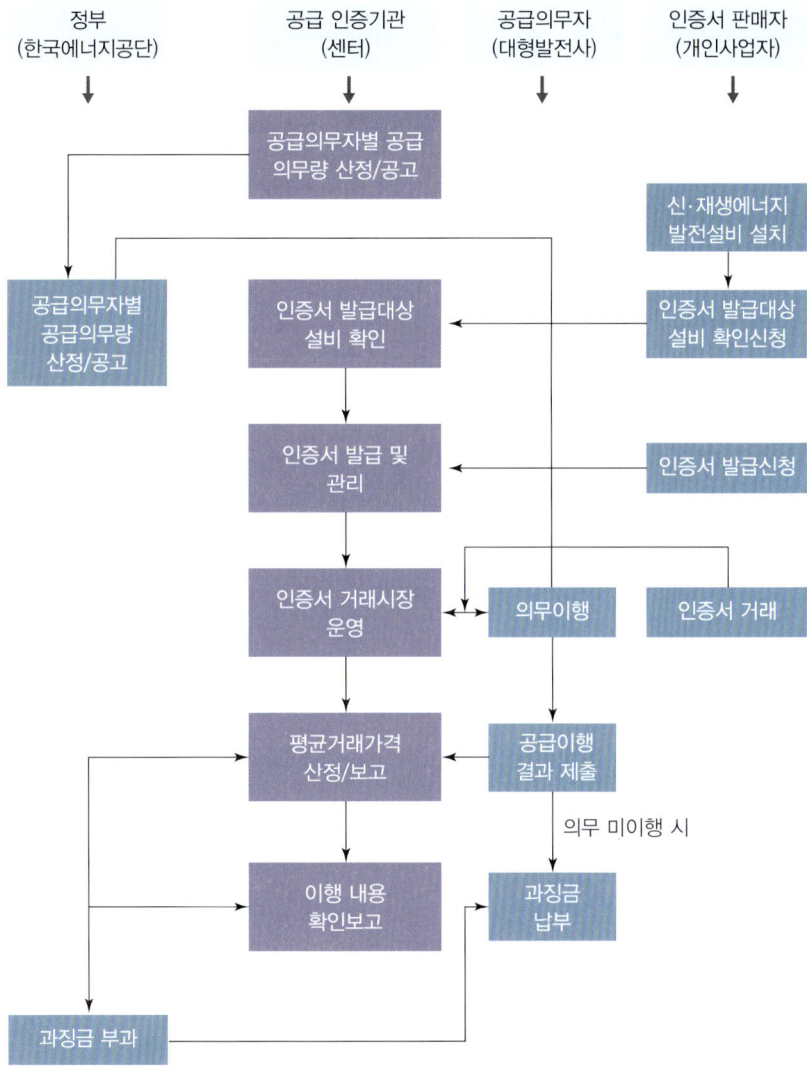

REC 거래방법

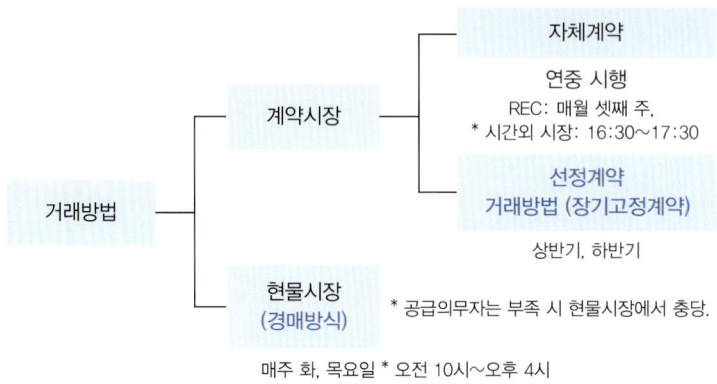

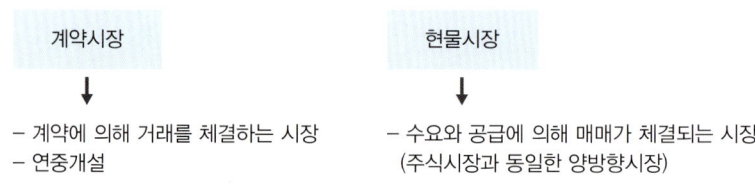

고정가격계약 경쟁 입찰의 진행절차는 아래와 같다.

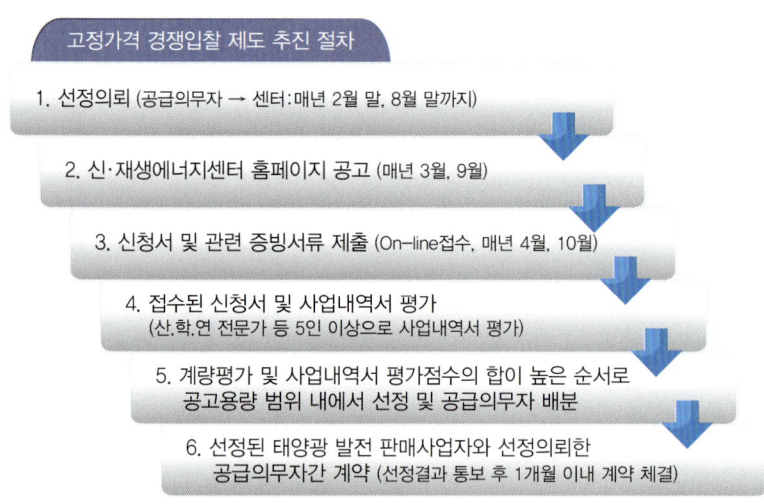

고정가격계약은 매년 2월 말일 또는 8월 말일까지 제12호 서식에 따라 신·재생에너지센터에 '경쟁을 통한 고정계약자 선정'을 의뢰하면 평가위원회에서 선정기준에 의해 선정을 한다. 이때 100 kW 미만인 사업자를 우선적으로 선정한다(해당용량의 50% 이상). 그 다음에 공급량이 가장 많은 공급의무자부터 차례로 배분한다.

현물시장의 매도 및 매수시간은 시장개설 전전일 09시부터 시장개설 전일 15시까지이다. 입찰참여는 http://onerec.kmos.kr/portal/index.do"onerec.kmos.kr"에 접속해서 양방향 현물시장 → 매매거래 → 매도 순으로 입찰 시 SMP(1M Wh), 1REC 가격을 적어 넣어야 한다. 입찰결과는 신·재생에너지센터 홈페이지에서 확인할 수 있다. 계약기간은 종전의 12년에서 2018년 1월 1일부터 20년으로 변경되었다. 고정가격계약 입찰 사업자로 선정된 사업자는 인증서 매매계약 체결(공급의무사와) 후 정해진 기간(상반기 5개월, 하반기 7개월) 이내에 사용 전 검사를 받아야 한다.

전력거래소와 한전에서의 판매(거래)는 아래의 표와 같다.

구 분	전력거래소	한 전	비 고
설비용량	1,000 kW 초과(의무) 1,000 kW 이하(선택)	100 kW 이하	
판매가격	시간대별 시장가격(SMP)	월별 가중평균 시장가격(SMP)	
등록비	2,000 kW 이하: 없음 2,000 kW 초과: 10만 원	해당 없음	회원 가입 시
연회비	2,000 kW: 없음 2,000 kW~50,000 kW까지: 120만 원	해당 없음	

고정가격 입찰시장에서의 2011~2016년 선정용량과 참여용량 및 선정가격 추이는 아래와 같다.

■ 선정용량 및 참여용량 추이

■ 상한가격 및 선정평균가격 추이

참고로 2017년 하반기 RPS 고정가격계약 입찰 내용 및 선정결과는 아래와 같다.

	구 분	우선선정 발전소 (100 kW 미만)	일반A 발전소 (100 kW~3 MW 미만)	일반B 발전소 (3 MW 초과)	전체 발전소
입찰	발전소(개소)	1,548	711	1	2,260
	용량	171,985 kW	575,856 kW	3,844 kW	751,685 kW
선정	발전소(개소)	1,326	146	0	1,472
	용량	150,246 kW	100,952 kW	0	251,198 kW
	경쟁 비율	1.17 : 1	4.87 : 1	0	1.54 : 1
	선정용량비율	87%	17.5%	0	33.4%

SMP(System Marginal Price)

SMP는 한국전력(한전)이 민간 발전사업자에게 지급하는 발전구매 단가이다. 거래일 하루 전날 전력수요 예측량을 산정하여 1시간 단위로 발전회사로부터 공급가능한 발전용량을 입찰받는다. 이 입찰결과를 바탕으로 전력거래소에서 시간대별로 수요에 맞게 발전계획을 수립하여 저렴한 비용을 제시하고 발전기와 발전량을 확인하여 해당시간대의 발전비용이 가장 비싼 발전소의 발전단가를 시장가격으로 결정하는 방식이다. 하루 전에 예측된 전력수요곡선과 공급입찰에 참여하는 공급곡선이 교차하는 시점에서 시장가격이 매 시간단위로 결정된다. 즉, 원자력, 석탄, 중유, LNG 등 발전기의 변동비용(연료비)에 따라 전기도매가격인 SMP가 변동한다. 예를 들어 발전기들의 변동비용 가운데 단가가 저렴한 원자력, 유연탄 등의 발전기부터 투입되어 석탄 → 중유 → LNG 등 고가의 발전기들을 차례로 투입하여 전력수요와 공급이 일치되는 시점에서 SMP가 결정된다. 아래의 도표를 참고하면 이해가 될 것이다. 가장 수요가 많은 12시에서 15시 사이의 가장 높은 가격인 LNG 발전기 단가가 SMP로 결정된다.

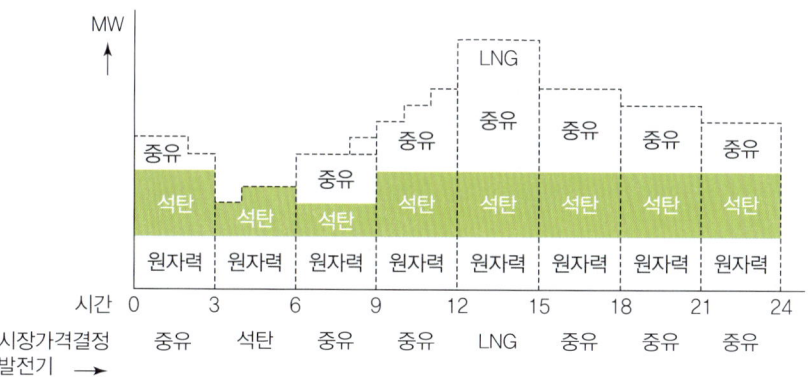

SMP는 주로 LNG와 연동이 된다고 볼 수 있다. SMP에 영향을 주는 요소는 국제유가, 환율, 예비전력, 전기 소비량, 발전상황 등이다. 한전에서 지급되는 SMP는 그 달의 가중평균 값이며 거래소에서 SMP를 거래하는 경우는 그 시간대의 SMP 값이 된다.

아래의 도표는 2001~2016년 동안의 국제유가에 따른 SMP의 가격을 나타낸다. 국제유가와 SMP 가격이 거의 연동됨을 알 수 있다. 일반적으로 국제유가의 변동은 약 5개월 후에 SMP에 영향을 준다.

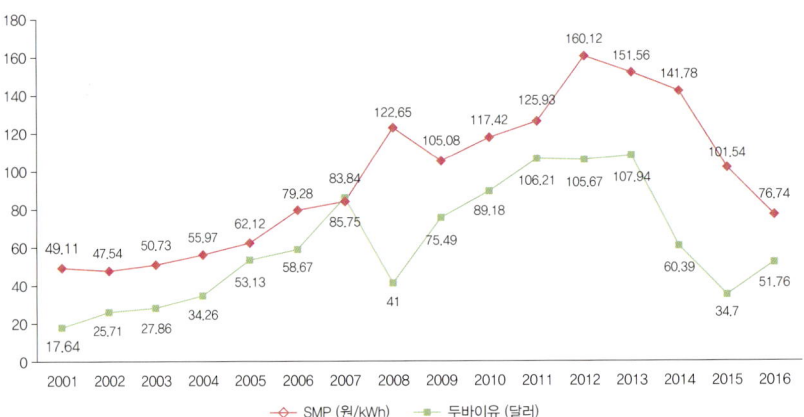

REC와 SMP의 거래방식

20년 고정가격계약인 경우에는 위에서 언급한 SMP + REC(가중치 포함)로 계약 당시의 입찰가격에 의해 [(입찰가격 × 발전용량)−부가세 10%]를 매월 한전에서 통장으로 지급받는다.

여기서 입찰방식에 의한 고정가계약방식에는 (1) SMP + 1REC (= REC × 1.2) 고정방식과 (2) SMP + (REC × 가중치) 고정방식의 두 가지가 있으며 전자는 SMP 가격의 변동에 따라 약간 계약금액보다

증감이 있으나 후자는 SMP 가격에 무관하게 고정되는 방식이다. 고정가격 계약금액이 200원, 가중치가 1.2인 경우 (1)과 (2)의 간단한 계산 예는 아래의 표와 같다.

구 분	SMP 가격	계산금액
(1) SMP + 1REC	80원	80 + (200−80) × 1.2 = 224원
	100원	100 + (200−100) × 1.2 = 220원
	120원	120 + (200−120) × 1.2 = 216원
(2) SMP + (REC × 가중치)	80원	80 + (220−80) = 220원
	100원	100 + (220−100) = 220원
	120원	120 + (220−120) = 220원

또한 고정계약이 아닌 계약금액인 경우에 SMP와 REC의 거래장소는 앞서 설명한 바와 같이 아래의 표와 같다.

구 분	거래시장	한전
SMP, REC	• 1,000 kW 이상 • 1,000 kW 이하설비 중 시장 참여 희망설비(선택)	1,000 kW 이하 설비 중 한전판매 희망 설비
SMP	사간대별 입찰	월 SMP(가중 평균치)

REC와 SMP의 변화와 연관성

개인사업자나 발전사에게 SMP와 REC는 중요한 관심요소이다. 개인사업자의 수익은 SMP와 REC 두 가지에 의해서 결정되며 발전사 역시 발전사업의 활성화 여부가 이들에 좌우되기 때문이다. 장기

고정계약의 경우 계약금액에서 SMP가격을 뺀 값이 REC가격이 된다. 참고로 2012~2016년의 최근 5년 동안 SMP와 REC의 변동추이를 도표로 간략히 정리하면 아래와 같다.

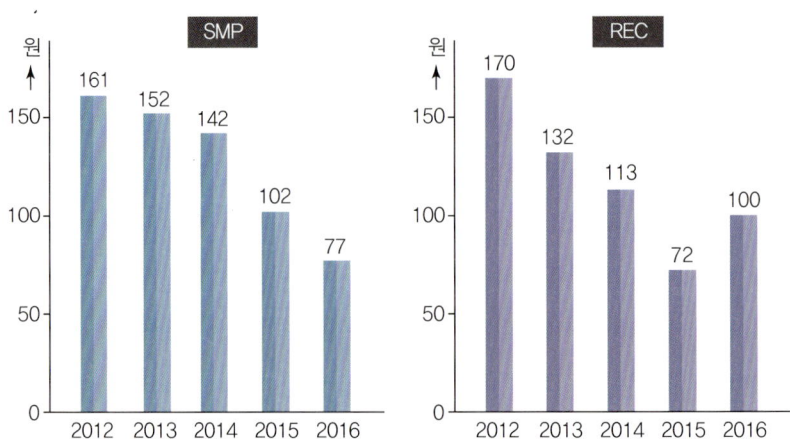

2012~2016의 5년 동안 SMP와 REC의 가격은 2016년을 제외하고는 둘 다 동반하락한 편이며, 발전수익금은 SMP와 REC의 합(개략)으로 kW당 331원에서 177원으로 하락했다. 따라서 5년 사이에 177/3310.53로 약 53%가 떨어졌음을 알 수 있다. 여기서 '일반전기료가 떨어지기보다는 다소라도 올랐는데 SMP나 REC가격이 이렇게 떨어졌다면 수익성이 없지 않을까?'하는 의문이 생길 수 있다. 그러나 개략적인 비교이지만 RPS제도 실시기인 5년간 발전소 kW당 시공비와 발전수익금을 비교해보면 그 의문이 해소될 수 있다.

구 분	kW당 시공비(A)	kW당 수익금(B)	A/B
2012년	350만 원	340원	10,300
2016년	200만 원	210원	9,500

kW당 수익금이 53%가 떨어졌지만 시공비 또한 200/3500.57로 약 57%가 떨어졌으므로 상대적인 수익성 면에서는 별로 차이가 없다고 볼 수 있다. 여기서 주목할 사항은 위 도표의 오른쪽에서와 같이 시공비수익금이 항간에 떠도는 10,000:1이라는 법칙이 공교롭게도 거의 맞아 떨어지고 있다는 사실이다. 시공비 측면에서 볼 때 RPS의 적용시기 5년 동안 태양광 보급율의 확대와 제조업체의 제조단가의 절감으로 태양광 시설공의 반 이상을 차지하는 솔라 모듈과 인버터의 가격이 거의 절반수준으로 떨어진 결과이고, 수익금 측면에서 보면 REC와 SMP의 합으로 결정되는 수익금 구조에서 SMP와 REC의 가격결정단계에서 정부가 직접(기준가격 또는 상한가격 결정) 또는 간접(경쟁 입찰)으로 관여하여 수익금이 현저히 떨어지는 일이 없도록 그 역할을 해 온 결과라고 예측할 수 있다. SMP보다 REC가 더 변동요인이 크므로 정부가 안정적인 신·재생에너지발전 확대 정책을 펴가기 위해 REC를 지렛대로 활용한 결과라고 해석하는 사람도 있다. 정부가 2017년부터 고정가격계약의 기간을 20년으로 연장하고 발전사업자의 입찰가격을 REC와 SMP를 묶어서 시행하는 정책과 차후 FIT제도의 재도입을 고려하는 것은 2020년까지 신·재생에너지의 보급률 20%목표를 실현하고자 하는 의지라고 볼 수 있다. 개인사업자 입장에서 볼 때 SMP가 가격선정에 직접 본인이 개입할 수 없는 월급이라면 REC는 현물시장에서 한 달 동안 유리한 시점에서 사고 팔 수 있는 주식과 같은 성질의 것이므로 결국 발전수익은 사업자 본인의 선택(고정가격입찰)과 능력(경쟁 입찰)에 따라 수입이 달려있다고 보아야 하겠다.

사업용 태양광발전의 수익금 구조

2012년부터 시행해 온 현재까지의 RPS체제에서 개인 발전사업자의 수익금 체제는 한전과 거래하는 SMP와 고정가격계약 또는 경쟁입찰을 통한 REC(가중치 포함)의 합산으로 정해진다.

태양광발전 수입 = SMP + 가중REC

발전사와 개인사업자의 관계는 아파트나 공동주택을 건설하여 분양하거나 단독주택의 건축을 의뢰받아 건설하는 것과 비유된다. 건설사는 개인주택인 경우에 건설의뢰를 하면 계약금 중도금, 잔금을 받는 식으로, 공동주택인 경우 분양공고를 내어서 분양자로부터 계약금을 받고 공사의 진행 단계별로 수요자가 중도금, 잔금을 납입하고, 자금이 모자라면 발전사가 대출을 알선하여 주는 과정과 발전소 건설 또한 거의 유사하다. 발전사는 개인 또는 공공기관이나 조합형태의 집단에서 의뢰한 태양광건설을 수행하거나 자체적으로 토지를 매입하여 100 kW, 200 kW, 500 kW, 1 MW 단위의 복수 개의 태양광발전소를 건설하여 이를 개인이나 단체에 분양하여 공사대금에서 이익을 취한다. 한편 개인사업자는 세무서에 개인사업자등록을 한 뒤 완공된 발전소를 통해 발전량에 해당하는 수익을 한전에서의 SMP와 전력거래소의 입찰에 의한 REC를 통하여 취하는 방식만 다르다고 볼 수 있다. 여기서 발전사는 분양자나 개인에게 그 과정에서 도우미역할을 할 뿐이지 SMP나 REC로 수익을 취하는 것이 아니고, 공사대금(분양대금)으로 수익을 취한다. 태양광발전소의 수익요소인 REC는 태양광설치 입지여건에 따라 아래와 같은 가중치가 붙는다.

구 분	전력용량	가중치
일반부지	100 kW 미만	1.2
	※100 kW~3,000 kW 이하	1.0
	3,000 kW 초과	0.7
건축물 또는 기존 시설물	3,000 kW 이하	1.5
	3,000 kW 초과	1.0
ESS(에너지저장장치)설비	~2017년 6월 말일까지	5.0
유지의 수면에 부유하는 설비	–	1.5
자가용설비를 통한 전력거래	–	1.0

위의 표에서 일반부지에서 100 kW~3,000 kW 이하와 3,000 kW 초과인 경우(※)에 그 한계 구간에서의 가중치 계산식은 아래와 같다.

▶ 일반부지 100 kW~3,000 kW 이하:

$$\frac{99.999 \times 1.2 + (용량 - 99.999) \times 1.0}{용량}$$

[예 1] 일반부지 500 kW인 경우의 가중치의 계산 값

$$\frac{99.999 \times 1.2 + (500 - 99.999) \times 1.0}{500} = \frac{119.9988 + 400.001}{500}$$

$$= \frac{519.9998}{500} \fallingdotseq 1.04$$

▶ 일반부지 3,000 kW 초과:

$$\frac{99.999 \times 1.2}{용량} + \frac{2,900.001 \times 1.0}{용량} + \frac{(용량 - 3,000) \times 0.7}{용량}$$

▶ 건축물 3,000 kW 초과인 경우의 가중치 계산식은 아래와 같다.

$$\frac{3,000 \times 1.5 + (용량 - 3,000) \times 1.0}{용량}$$

[예 2] 건축물 5,000 kW인 경우의 가중치의 계산 값

$$\frac{3,000 \times 1.5 + (5,000 - 3,000) \times 1.0}{5,000} = \frac{4,500 + 2,000}{5,000} = \frac{6,500}{5,000} = 1.3$$

| 이론적 수익금 계산법 |

그렇다면 '월 또는 연간 발전수입의 계산은 어떻게 될까?'하는 궁금증을 해결하기 위해 먼저 계산 공식부터 적어 보면 아래와 같다.

월간 수입 = (발전용량)kWh × (SMP + 가중REC)원 × (연평균 일조시간)시간 × 30일

연간 수입 = (발전용량)kWh × (SMP + 가중REC)원 × (연평균 일조시간)시간 × 365일

[예 3] 일반부지에 60 kW의 태양광발전소를 설치할 때의 월간 발전수입금을 계산해 본다. 단, kW당 SMP가격은 90원, REC가격은 100원이고 1일 평균 일조시간은 3.5시간이라고 가정.

→ 60 kW × [90 + (100 × 1.2)]원 × 3.5시간 × 30일
 = 60 × (90 + 120) × 3.5 × 30
 = 60 × 210 × 3.5 × 30 = 1,323,000원.

[예 4] 공장의 옥상에 150 kW의 태양광발전시설을 설치할 때의 연간 발전 수익금 계산은 아래와 같다. 단, kW당 SMP가격은 90원, REC가격은 100원이고 1일 평균 일조시간은 3.5시간이라고 가정.

→ 150 kW × [90 + (100 × 1.5)]원 × 3.5시간 × 365일
 = 150 × 240 × 3.5 × 365
 = 45,990,000원

| 수입금 지배요소 |

여기서 계산에 크게 영향을 미치는 SMP + REC의 변동추이를 최근 5년간 도표로 간략히 정리하면 아래와 같다.

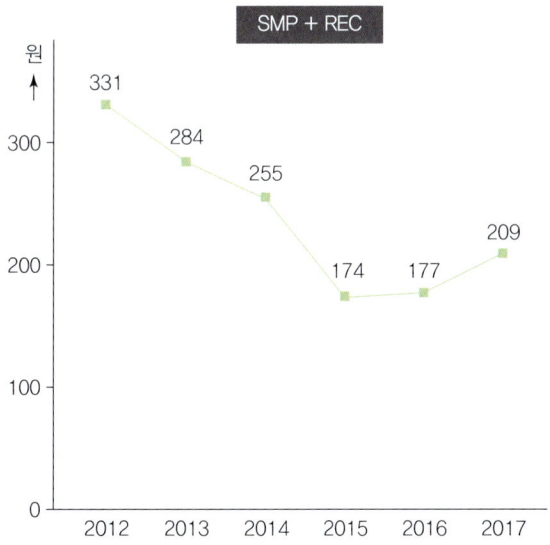

앞의 도표에서 SMP + REC 값의 변동을 살펴보자. 2015년까지 SMP + REC가격이 떨어지다가 최근 2년 동안은 약간 올랐다. 공교롭게도 새 정부가 들어선 2017년에 전년 대비 18%가 올랐다는 것은 발전사업자 입장에서는 고무적인 일이다.

정부가 발표한 3020정책에 보면 2017년부터 고정가격계약 기간을 20년으로 연장하고 발전사업자의 입찰가격을 REC와 SMP를 묶어서 시행하기로 제도를 수정하고, 차후 FIT제도의 재도입을 고려하고 있다는 것은 2020년까지 신·재생에너지의 보급률 20%목표를 실현하고자 하는 강력한 의지라고 생각된다.

정부가 향후 RPS시장의 전망을 나타내는 도표는 아래와 같다.

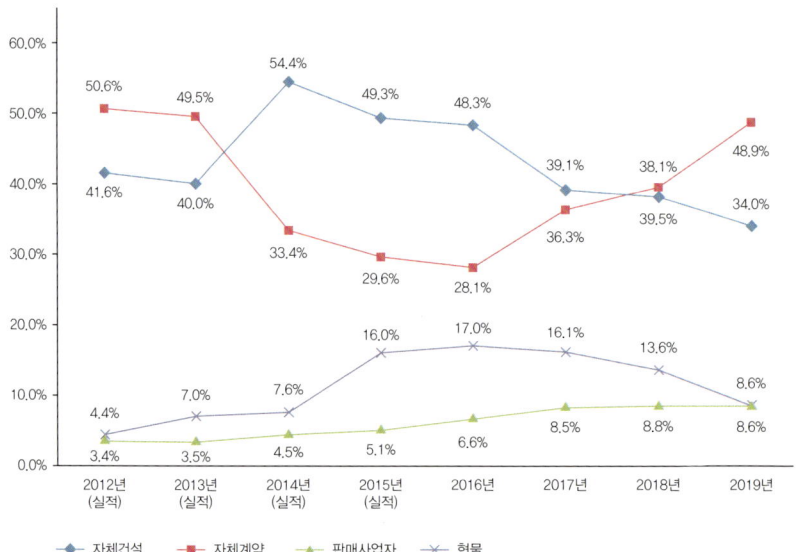

조달형태별 이행 전망

중장기 수급 전망

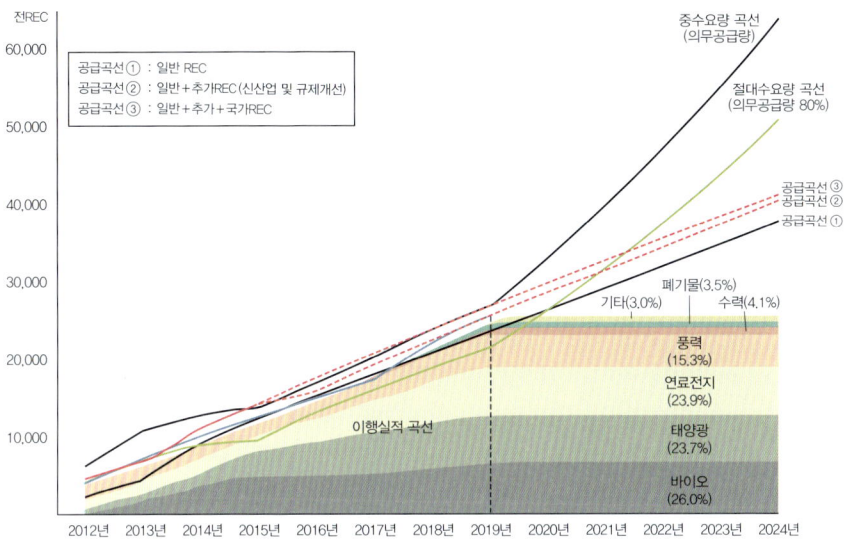

사업용 태양광발전의 수입증대 요소

발전수입을 증대시키기 위해서는 자금의 효율적인 운용도 있어야 하겠지만 위에서 설명한 '이론적 발전수익금 계산식'에서의 발전량, SMP + REC가격, 일조시간 등을 어떻게 증가시키는가에 달려 있다. 덧붙인다면 부수적인 경비(유지 및 보수비, 은행대출이라면 금리 등)를 줄이는 것도 부분적으로 영향을 미친다고 볼 수 있다. 영향요소별로 언급해보기로 한다.

| 부품(모듈, 인버터) |

설계발전용량에 비해 실제 연계 출력전력은 그에 못 미쳐 나온다. 그 요인 중 가장 큰 것은 부품(모듈, 인버터)의 효율저하로 인한 발전량 감소와 가동 중에 발생하는 고장 또는 재해에 의한 발전중지에 따른 평균발전용량의 감소이다. 전자는 제품 선정 시 사양서나 객관적인 품질평가(인증, 시험성적서)를 통해서 결정되는 사항이므로 차후 대처방법이 없으나 후자는 발전사업자가 어떻게 대처하느냐에 따라 발전량 손실의 감소 또는 증가로 나타나는 성질의 것이기 때문에 신경을 써야 할 요소이다.

솔라 모듈 및 인버터의 효율

솔라 모듈의 효율이란 온도 25°C에서 1 m²의 면적에 1,000 W/m²의 빛을 쪼였을 때 모듈에서 나오는 출력전력을 말하며, 170 W의 출력이 나온다면 효율이 17%, 200 W의 출력이 나온다면 효율이 20%이다.

국내 시판 단결정제품의 효율은 17%대(17.1~17.89%)가 많으며, 20%대의 효율인 것도 있으나 값이 비싸진다. 또한 일반적으로 시판 중인 인버터의 효율은 96~98.5%이므로 1,000 kW발전인 경우 1%만 높은 모듈이나 인버터를 사용한다고 해도 둘을 합해서 2%가 올라가므로 연간 발전 수익금은 약 500만 원의 수익, 20년 후이면 1억 원의 수익을 더 얻을 수 있다.

솔라 모듈은 최근 국내 대기업들이 선진국들과 기술제휴로 이 분야에 뛰어들어 수출 및 내수용으로 다량생산과 철저한 품질관리에 의해 가격 및 효율이나 내구성에서 큰 개선이 이루어졌다. 품질보증 기간도 12년에서 20년, 25년, 30년으로 갈수록 향상되고 있으며 또한 기술의 진전으로 솔라 모듈이 200 W대에서 300 W대로, 최근에는 400 W의 솔라 모듈이 출시되고 있다. 사업 착수 시 의뢰자 입장에서 특정 메이커의 특정 용량을 제시할 수 있지만 판단이 어려운 경우에는 시공업자에게 위임할 수도 있다. 품질이 좋은 제품과 와트(W)가 높은 제품은 단가가 올라가므로 사정에 맞게 결정하는 게 좋다. 좁은 토지에 같은 용량을 설치하는 데는 높은 와트의 제품이 유리하지만 가격이 다소 올라감을 감수해야 한다.

솔라 모듈의 자연 감소율

여기서 또한 고려할 것은 모듈의 자연 감소율이다. 보통 연간 감소율을 0.8~1%로 본다. 각 사의 제품이 개략적인 내구연한이 25년, 30년이라고 발표하고 있으나 연간 감소율은 발표를 하지 않고 있으므로 그 기간 동안 사용한 발전소의 통계로 어느 제품이 몇 % 정도라고 정보를 입수해서 가늠할 수밖에 없다. 연간 0.8~1%의 감소라면 20년 후이면 약 16~20%의 자연감소로 인하여 연간 약 500만 원, 20년 후이면 1억 정도의 수익금이 줄어든다고 볼 수 있으므로 수익금에 역시 영향을 준다고 볼 수 있다.

아울러 발전사업자로서 발전 손실의 감소를 위해서 할 수 있는 또 한 가지의 방법은 모듈 및 인버터의 유지/보수에 소홀히 하지 않아야 된다는 점이다. 이 점은 다시 뒤에서 언급하기로 한다.

인버터

인버터는 태양광시스템에서 아주 중요한 부품이다. 태양광으로부터 솔라 모듈을 이용하여 받아들인 직류전류를 교류전류로 바꾸는 중요한 역할을 하므로 이 부분에서 고장이 발생하면 생산된 전력이 한전선로로 넘어가지 못하므로 발전에 큰 치명타를 입힌다. 따라서 성능의 안정성이 보장되고 사후보수가 확실한 제품을 선택하는 일이 무엇보다도 중요하다. 이러한 점을 염려해서 믿을만한 해외 수입품을 대부분 선정해 오고 있지만 유지보수적인 측면에서 불안을 느끼는 사업자들은 국내제품을 선택하기도 한다. 국내제품도 최근 성능 면에서 향상된 제품을 수입품보다 저렴하게 내놓고 있으므로 성능, 가격, 유지보수 어느 쪽이냐에 따라 판단의 기준이 달라질 것이다. 일반적으로 인버터의 보증기간은 솔라 모듈보다 짧은 5년으로 되어 있지만 유지관리만 잘하면 10년 또는 그 이상까지는 사용할 수 있다. 만일에 대비해서 그에 대한 대책을 초기부터 준비해야 할 것이다. 예컨대 인버터를 하나 대신 여러 개 사용하여 그중 하나가 고장이 발생해도 용량이 줄어들더라도 발전이 완전 중지상태가 되지 않게 한다든가 하나의 인버터에 둘 또는 네 개가 들어 있는 스트링을 사용한 접속형식을 취하는 등의 방법도 있을 것이다. 그래도 염려가 된다면 애초부터 예비 인버터를 준비해 놓는 방법도 있지만 이는 안전을 담보로 재정부담을 감수해야 한다.

| 부지 |

부지선정은 뒤에서 언급하겠지만 개발행위 허가 시 중요할 뿐만 아니라 어떤 부지이냐에 따라서 실제 발전량이 설계용량에 가깝게 나올 수 있느냐 아니냐가 결정되므로 매우 중요한 요소이다. 부지의 위치(위도), 부지의 경사도, 방향, 주변의 장애물 여부 등에 따라 일조시간에 큰 영향을 준다. 발전사업자가 기보유하고 있는 토지를 사용하는 경우에는 어쩔 수 없지만 부지를 매입할 경우에는 첫째로 발전허가가 나올 수 있는 지역이라는 전제하에 이들 요소에 대해 언급

해 보기로 한다.

위치

먼저 부지의 위치는 '국립기상과학원'의 '태양-기상자원도(2008.4~2009.4)'에 의하면 우리나라의 지형상 일사량이 가장 많은 지역으로는 남부 및 남동부이며, 중간 정도의 지역이 서부로 나타나 있다. 그러나 산악이 적게 분포하기 때문에 서부지역을 많이 선택하고 있다. 아래의 지도에서 진한 적색 부분이 일사량이 많은 지역이다.

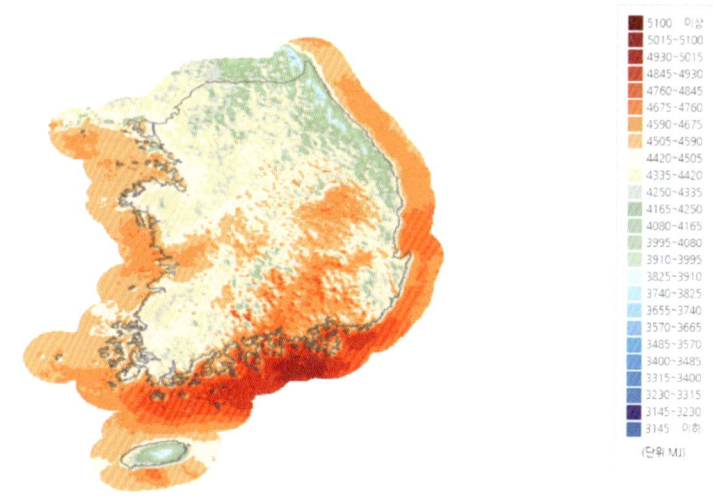

국내 태양광 지도(source: 국립기상과학원 http://www.nimr.go.kr)

토지의 모양

토지의 모양에 따라 설계상 같은 면적에서 배치되는 모듈의 수가 결정되므로 모듈 수에 따라 정해지는 발전량에 큰 영향을 미치게 된다. 같은 면적의 모양이 직사각형인 토지와 각이 많은 토지의 발전용량은 3:2 정도로 차이가 날 수 있다. 예컨대 같은 면적(1,200 m²)의 직사각형 토지에서 300 W 모듈을 300개 배치(90 kW의 발전량)할 수 있다면 각이 많은 비정형의 토지에서는 300 W 모듈을 200개(60 kW의 발전량)밖에 배치할 수 없으므로 각이 많은 토지는 쓸모없는 땅이 1/3이나 되는 셈이다. 이와 같이 모양에 따라 토지의 이용률이 달라져 발전량 또한 감소하므로 좋은 모양을 선택하는 것이 중요하다.

구체적인 예로 면적이 같지만(1026 m²) 서로 모양이 다른 부지에 배치할 수 있는 345 W 모듈의 수를 나타낸 뒤 발전량을 계산하는 도면은 아래와 같다. 직사각형과 각이 많은 비정형 부지 간의 전력량 비가 99.36 kW : 66.93 kW로 약 3 : 2라는 비교적 큰 차이로 나타난다.

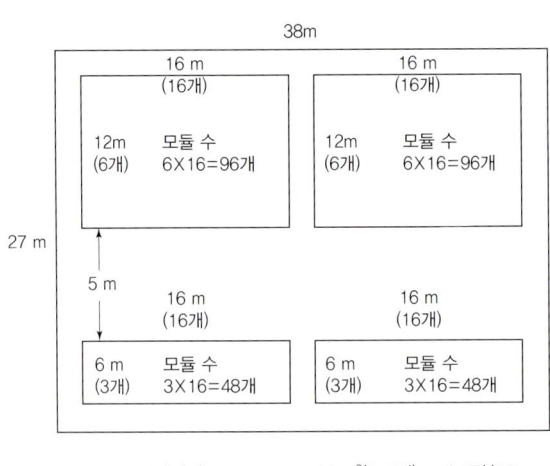

▶ 부지면적 = 38 × 27 = 1,026 m²(310평) → 3.1평/kW
▶ 전체모듈 수 = (96 + 48) × 2 = 288개
▶ 전체전력 = 0.345 kW × 288 = 99.36 kW

〈주〉 사용모듈은 345 W이고, 그 크기는 폭 2 m, 길이 1 m

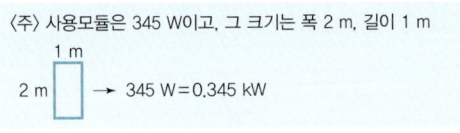

(a) 직사각형 부지

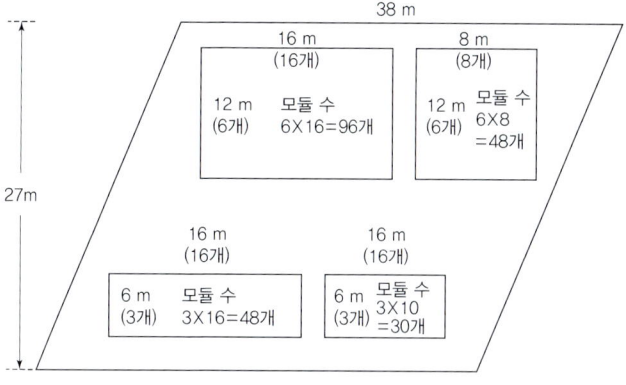

- 부지면적 = 38 × 27 = 1,026 m²(310평) → 3.1평/kW
- 전체모듈 수 = 96 + 48 + 48 + 30 = 222개
- 전체전력 = 0.345 kW × 222 = 76.59 kW

- 99.36 kW의 출력을 얻기 위한 부지면적은
  99.36/76.59 ≒ 1.3배가 더 넓어야 하므로
  1,026 × 1.3 = 1,334 = 1,026 m²(403평) → 4.03평/kW

(b) 평행 사변형 부지

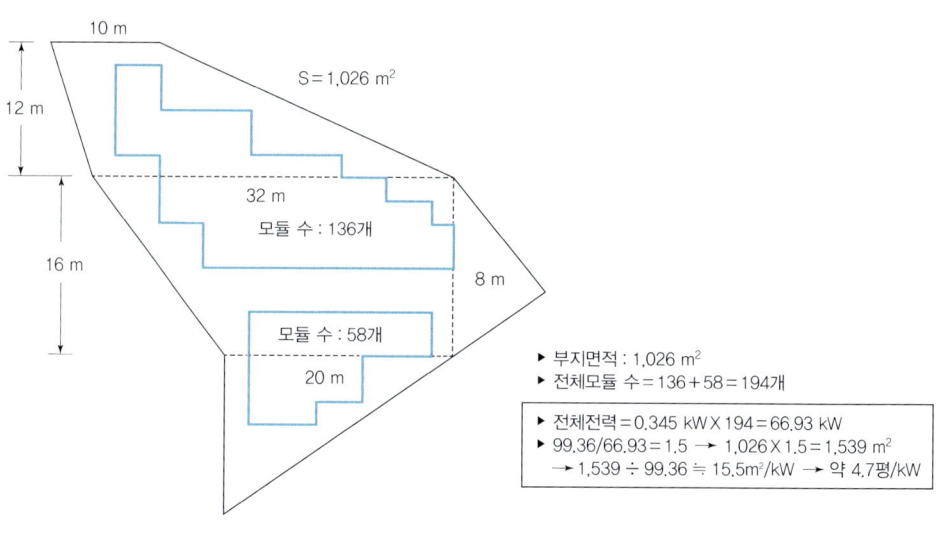

- 부지면적 : 1,026 m²
- 전체모듈 수 = 136 + 58 = 194개
- 전체전력 = 0.345 kW × 194 = 66.93 kW
- 99.36/66.93 = 1.5 → 1,026 × 1.5 = 1,539 m²
  → 1,539 ÷ 99.36 ≒ 15.5 m²/kW → 약 4.7평/kW

(c) 비정형 부지

방향

발전소 설치부지로 가장 좋은 방향은 남쪽방향의 토지이며 그 다음이 남서 또는 남동방향의 토지이다. 이것은 해가 동쪽에서 떠서 서쪽으로 질 때 태양과 모듈이 직각(일사량이 가장 많은 각도)을 이루는 시간대가 정오 약간 넘어서이며 방향은 남쪽이기 때문이다. 아래의 그래프는 위도 35°에서 솔라 패널을 지붕 위에 설치 시 방향에 따른 연간 발전량(kW당)을 나타낸다.

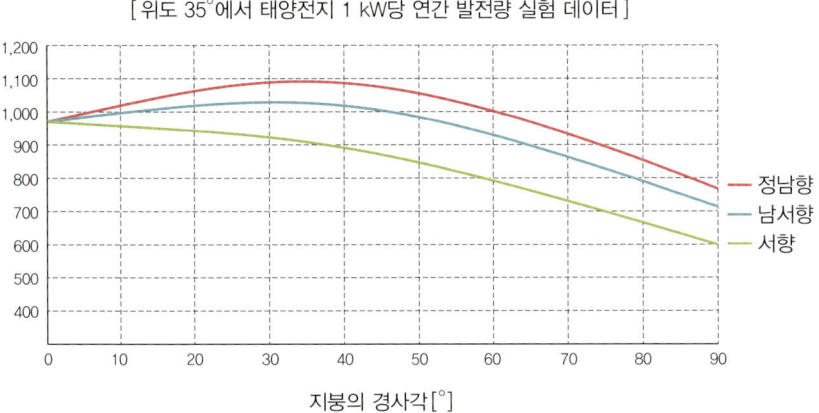

[위도 35°에서 태양전지 1 kW당 연간 발전량 실험 데이터]

주변여건

① 부지 주변에 산이나 수목, 건물 등에 의한 햇빛 장애물이 없어야 그늘에 의한 일사량 감소를 피할 수 있다.
② 적설량, 강우량, 황사량, 이물질(황사 먼지, 시멘트 먼지 등)이 많이 발생하는 지역은 피한다.

대규모의 토지

사실 대규모의 상업용 발전소 부지는 수천 평에서 수십만 평의 부지가 필요하므로 적합한 토지를 고르는 일이 수월하지가 않다. 토지 가격도 저렴해야만 사업성이 있고 일조량을 많이 얻을 수 있어야 하는 두 마리 토끼를 잡는 선택이므로 쉬운 일이 아니다. 최근 염전 부지를 활용해 오기도 했지만 그 면적확보에 한계가 있으므로 광활한 답이나 전을 이용하면 좋지만 농지보존을 위해 허락이 안 되고 있는 실정이다. 다만 앞으로 정부가 제시한 3020계획에 의해 대규모의 간척지(예컨대 새만금이나 태안간척지)를 활용한다면 다소 도움이 될 것이다.

| 솔라 패널의 각도와 이격거리 |

솔라 패널의 각도는 토지 지형이나 패널을 받히는 지지대의 각도에 따라 단위 시간의 일조량이 크게 차이가 나므로 바로 발전량에 영향을 미치게 된다. 태양은 지구의 자전과 태양의 공전에 의해 계절에 따라 그 궤도와 위치가 바뀌므로 계절별 패널과 태양이 직각을 이루기 위한 지지대의 바람직한 각도는 아래와 같다.

시 기	여름	봄, 가을	겨울
각 도	20°	36°	52°

지지대를 고정식으로 설치하는 경우의 일반적인 각도는 30° 전후로 많이 정하고 있다.

한편 솔라 모듈 어레이를 앞뒤 열(列)로 배치할 경우에 떨어진 거리가 가까우면 뒤쪽의 패널에 그림자가 생겨 발전량이 감소하므로 그 간격(이격거리)을 제대로 정해야 한다. 부지면적의 협소로 간격을 넓히기가 힘들면 앞뒤의 높이에 차이를 두어 토지를 2단 또는 3단으로 만드는 방법도 있다. 참고로 어레이 간의 이격거리 계산식은 아래와 같다.

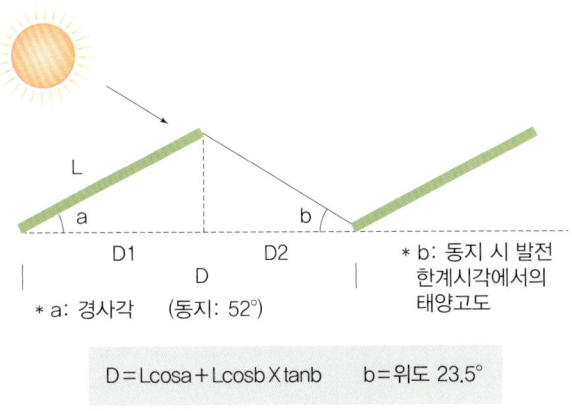

* a: 경사각 (동지: 52°)
* b: 동지 시 발전 한계시각에서의 태양고도

$D = L\cos a + L\cos b \times \tan b$ $b = 위도\ 23.5°$

| 일조시간 |

위의 부지설명에서 언급한 바가 있지만 당연히 일사량을 많이 받을 수 있는 지역이 바로 일조시간 또한 길게 된다. 따라서 일조시간만으로의 관점에서 본다면 남부지역의 해안가 염전이나 장애물이 없는 도서지역이 가장 좋다고 본다. 현재까지 설치된 태양광 지역의 분포로 보면 대부분이 남해안 쪽이나 전남, 전북, 충남지역이라는 것은 이들 지역이 산이나 장애물이 별로 없다는 지역적 특징 때문이라고 본다.

일조시간은 계절 및 지역에 따라 다르며, 우리나라의 1일 평균 일조시간이 5.5~5.9시간이라고 하지만 이 시간이 모두 태양광발전 시간으로 계산되는 것은 아니다. 그 이유는 눈, 비, 구름, 먼지, 장애물 등으로 모듈에서 직각으로 비추는 일사량이 60%~70%로 줄어들기 때문이다.

따라서 태양광발전에 적용하는 일조시간은 지역, 계절, 기후 등 여건에 따라 3.0~4.0시간 정도이지만 발전수입의 계산에서는 일반적으로 3.5시간을 많이 적용한다. 감소요인 중에서 기후는 선택의 여지가 없는 성질의 것이지만 입지여건은 발전사업자가 선택할 수 있는 요소이므로 부지선정을 잘 선택하느냐 못하느냐에 따라 0.2~0.3시간의 차이가 날 수 있다. 100 kW인 경우에 연 발전수익으로 계산하면 140~210만 원 가량의 수익금이 차이가 날 수 있으므로 부지선정에 따른 일조시간이야 말로 아주 중요한 요소이다.

| SMP + REC가격 |

이미 앞에서 설명한 바와 같이 발전수입금의 구조는 SMP + REC이므로 발전수익의 중요 요소이다. SMP와 REC의 현물시장 거래는 시간대별로 유리한 시점에서 팔 수 있는 주식거래의 실적과 비슷한 특징을 갖고 있다.

20년 장기고정계약을 고정가격 방식으로 계약한 경우에는 SMP + REC를 묶어서 계약하므로 발전사업자 본인이 개입할 여지가 없으나 개인사업자가 설치하는 1,000 kW 이하의 발전소는 현물시장의 실시간대 입찰에서 유리한 시간대에 REC나 SMP를 판매하여 수익을 올리게 되므로 본인의 판매시점 선택이 중요하다고 볼 수 있다. 여기서 기억해야 할 사항은 SMP는 국제유가, LNG단가 및 국내 발전기의 폐소량, 신규 건립량 등이 중요 요인이며 국제유가는 5개월 후에 LNG단가에 영향을 준다는 점이다. 또한 REC의 유효기간이 3년이므로 그 이전에 여러 가지 정황을 판단하여 판매시기를 적절하게 결정해야만 좋은 결과를 얻어 수익을 올릴 수 있다.

태양광발전 사업 시 중요 고려사항

앞 절에서는 발전수입 증대에 관한 중요 사항에 대해서 설명했지만 이 절에서는 사업자 선정, 인허가 문제, 계통연계접속, 재정과 발전용량 등 사업 진행 시 고려해야 할 중요사항에 대해서 설명하기로 한다.

사업자 선정

개인사업자는 보통 100 kW~1,000 kW(1 MW)의 소규모 발전사업에 많이 참여한다. 통계에 의하면 전체 발전소의 85~90%가 100 kW 미만의 발전소라고 하며, 이들로부터 시공의뢰를 받거나 분양을 통해서 수익을 취하는 발전사의 수는 우후죽순 식으로 많아지고 있는 실정이다. 이들 발전사업자(시공업자)는 실제로 SMP나 REC 거래시장에 참여하지 않고 개인사업자의 위탁시공이나 분양과정에서 수익을 올리기 위해 부실한 시공을 하거나 저렴한 부품을 사용하는 등 그 손해는 바로 개인사업자에게로 돌아오므로 발전사의 선정은 매우 중요하다. 공동주택 건설과 마찬가지로 발전사가 공사전체를 총괄하면서 분야별로 타 업체에 작업을 맡기는 식으로 공사를 수행하는 경우와 자체에서 전체공정을 수행하는 두 가지의 유형이 있는데 서로 장단점이 있다. 책임문제에서는 후자가 유리하지만 가격 면에서는 다소 비싸므로 이를 감안해서 선택해야 하며 그 밖에 선정에 합당한 업체를 간추려 보면 아래와 같으니 참조하길 바란다.
- 설치경험이 많은 업체(최소한 3년 이상)
- 신·재생에너지공단이 매년 선정한 신·재생에너지발전 참여기업체
- 재정상태가 좋은 업체
- 유지보수 보증기간이 가급적 긴 업체(보통 3년, 5년)
- 계약서 내용에 시공보증, 하자보증, 분양토지관련, 문제발생 시 대처 내용 등을 세밀하게 작성하여 상호 신뢰를 갖도록 하는 업체
- 가급적이면 발전소의 소재지에서 가까운 업체
- 주변에 시공한 업체를 방문하여 평이 좋은 업체
- 시공견적이 합리적인 업체 → 너무 싸거나 비싸면 그 이유를 파악

시공경력이 많은 업체는 재료(모듈, 인버터)의 선택 및 부문(토목공사, 구조물공사, 전기공사 등)별 공사방법과 재료의 품질이나 사후관리 측면에서 문제점 방지의 노하우를 갖고 있으므로 안심할 수 있으나 의뢰자가 파악하기가 쉬운 일이 아니므로 각종 정보를 통해 객관적인 평가가 필요하다. 차후에 분쟁이 발생하지 않게 하기 위해서는 계약서상에 보증기간, 문제 발생 시의 책임한계 등을 명시하는 것이 바람직하다.

인허가

태양광 발전소 건설을 위한 인허가를 크게 나누면 첫째 **전기사업발전허가**와 **개발행위허가**의 두 가지로 구분할 수 있으며 전자는 기존 발전사업자는 발전허가를 이미 취득한 입장이므로 개인사업자에게 해당된다.

| 전기사업 발전허가 |

　뒤에서 좀 더 자세히 설명하겠지만 첫 단계인 발전허가를 받기 위해서는 지정된 양식의 전기사업신청서, 사업계획서 및 각종 구비서류를 3,000 kW 이상은 산자부에, 3,000 kW 이하는 도청에 제출해야 하지만 지역에 따라서 지자체에 위임하기도 한다. 개인사업자는 이때 건설하는 발전소에 대한 명칭이 신청서에 기재되어야 하므로 적합한 발전소 이름을 사전에 준비해 놓고 시작해야 한다. 본인이 직접 작성할 수도 있으나 지정 전기사업자가 있으면 그 쪽에 위탁하여 신청한다. 처리기간은 2개월이지만 지자체의 업무상황에 따라 그 이전에 나오는 경우도 많다. 발전허가가 나오면 즉시 세무서에 가서 작명한 발전소 명의로 '사업자등록'을 하고, 사업자등록증을 받아 온 뒤에 한전에 가서 전력거래계약(PPA) 신청서를 제출해야 하며, 동시에 발전전력 1,000 kW 이하인 경우에 전력거래계약을 미리 신청할 수도 있다. 이때 알아야 할 사항은 접수 후 4개월 이내에 개발행위허가서를 제출해야 한다는 점이다.

| 개발행위허가 |

　최근 전국의 각 지방자치단체에서 너나 할 것 없이 개발행위에 대한 조례를 만들어 주거 밀접지역에서 발전소경계까지 100 m, 200 m, 400 m, 1000 m 이상 떨어져야 하고, 도로(2차선 이상의 포장도로)에서 200 m, 250 m, 500 m, 1,000 m 이상 떨어져야 하는 등 태양광발전 사업의 확대에 큰 장애요인이 되고 있는 실정이다. 정부도 이의 개선을 약속하고 있지만 대부분 주민의 반대 민원에 의해 지자체의회에서 만들어진 운영지침이므로 특단의 조치가 취해지지 않는 한 단

시일 내에는 해결되기가 어려워 보인다. 이는 아직 농민들이 정부의 신·재생에너지발전에 대한 수용성이 전혀 안 되어 있는 상태이므로 신·재생에너지발전의 보급 필요성을 정부가 더 적극적으로 농민들에게 와닿게 소통정책을 펴나가야 될 사항으로 본다. 3020계획에 주민(농어민)참여 시 여러 가지의 인센티브를 준다는 내용이 포함되어 있지만 이 역시 농민들의 자발적인 수용성이 확립되어있을 때 효과가 나타나게 될 것이다. 앞서 토지사항에서 언급했듯이 일단 허가를 받기 위해서는 우선적으로 허가가 가능한 토지를 준비해야 함을 강조한다.

'개발행위허가'란 '국토계획 및 이용에 관한 법률 제56조 제1항'과 '국토계획 및 이용에 관한 시행규칙 제9조'에 의해

① 건물 또는 건축물의 설치
② 토지형질의 변경
③ 토지의 채취
④ 토지의 분할

등 개발행위를 할 때 계획의 적정성, 기반시설의 확보여부, 주변 환경과의 조화 등을 고려하여 허가여부를 지자체장이 심의하여 결정해 주는 것을 말한다. 여기서 유의해야 할 것은 개발행위허가 제한지역에 관한 사항으로 그 대상은 아래와 같다.

① 녹지지역 또는 계획관리지역으로 수목이 집단적으로 생육되고 있거나 조수들이 집단적으로 서식하고 있는 지역
② 개발행위로 주변의 환경, 경관, 미관, 문화재 등이 오염되거나 손상될 우려가 있는 지역
③ 도시계획 또는 도시계획을 수립하고 있는 지역

④ 지구단위계획구역으로 지정되어 지구단위계획을 수립하고 있는 지역

따라서 토지를 매입할 때 위의 사항에 해당되지 않는가를 잘 살펴야 한다. 임야인 경우에는 '산림법 제14조 제2항' 및 '산림법 시행규칙 제2조 제1항'에 따라 산지전용허가를 받아야 한다. 이 개발행위허가는 개인이 신청하기 어려우므로 일반적으로 태양광발전에 대한 지식이나 정보를 많이 지니고 있는 '토목측량 설계 사무소'에 위탁하는 것이 유리하다.

부지선정 시 검토사항을 우선순위 순으로 적어본다.

첫째로 3 m 이상의 진입로가 있는 부지이어야 한다. 이것은 공사 시 타인의 토지에 민폐의 유발방지 및 화재 시 소방차 진입을 위한 용도에서이다.

둘째로 발전 및 개발허가가 나올 수 있는 지역인가를 확인한다. 온라인 검색 창에 들어가서 **토지이용규제정보시스템**(www.uris.molit.go.kr)을 클릭한 뒤 해당주소의 지번을 입력하여 무슨 용도지역인지와 규제 항(위 우측 창)을 클릭하여 확인한다. 계획관리, 생산관리, 보전관리지역은 발전시설 가능지역이지만 군사보호구역, 개발제한구역, 문화재보호구역, 농업진흥구역, 우량농업지역으로 경지 정리된 지역 등은 특별한 경우를 제외하고는 불가능한 부지이다.

셋째로 농림지역, 보전녹지지역, 자연환경보전지역, 문화재보존영향검토지역 등은 도시계획위원회의 심의를 거쳐서 허가를 받아야 한다.

넷째는 해당지역의 조례에 따른 개발행위운영지침을 잘 읽어보고, 주민밀접지역, 도로(2차선 이상 포장도로) 및 공공기관, 문화재와의 떨

어진 거리 등에 저축이 되지 않는가를 확인한다.

전국 각 지자체의 개발행위운영지침에 관한 조례를 알아보기 위해서는 인터넷상에서 **자치법규정보시스템**(www.elis.go.kr)으로 들어가 해당도와 지자체 명을 입력하거나 부록 2를 참조한다.

또한 임야인 경우 지자체에 따라 경사도를 20° 또는 25° 이하로 규제하는 곳도 있었으나 앞으로는 15°로 낮춘다.

| 계통연계접속 |

계통연계접속이란 한전 송전 선로(전주)에 발전기의 출력(자체 승압기를 거친)이 접속되는 것을 말하며 접속전압은 3상 교류고압(22.9 kV)이다. 접속용 3상 전압 송전선로가 가까이(200 m 이내) 있어야 추가경비가 들어가지 않는다. 선로가 없거나 멀리 떨어진 경우에는 비용이 만만치 않게 들어가므로 부지 선정 시 이점을 잘 살펴야 한다. 또한 더 중요한 것은 현재 여유 용량이 있느냐의 여부이다. 이는 한전 홈페이지에 들어가 상단의 기업센터를 클릭한 뒤 → 분산전원 연계정보 → 분산전원 용량조회 순으로 클릭하여 부지소재지의 주소를 입력하면 화면상에서 여유용량을 확인할 수 있다. 소재지 지역번호123을 이용하여 직접 한전 태양광 전력담당자에게 문의하여 확인할 수도 있다. 최근 많은 지역이 분산전원용량의 부족으로 개발행위 완료 후 연계접속을 못하는 상태여서 발전소 준공이 1, 2년 이상 늦어지고 있는 실정이다.

| 재정과 발전량 |

자금사정에 따라 당연히 발전량도 거기에 맞춰서 결정되어야 할

것이다. 자금사정이 넉넉하지 못한 사람은 어쩔 수 없이 소규모의 발전량으로 사업을 시작할 수밖에 없다. 따라서 일반적으로 30 kW, 50 kW, 60 kW, 100 kW를 선택하게 된다. 100 kW 미만의 사업을 일반토지에 설치하는 경우에는 REC 가중치 1.2가 적용되므로 이점이 있을 뿐만 아니라 3020계획에 의하면 앞으로 30 kW 미만의 사업자에게는 FIT방식으로 한전 자회사들로 하여금 의무적으로 SMP + REC를 구매하도록 한다는 계획도 포함되어 있으므로 더욱 유리하다고 볼 수 있다. 다소 자금에 여유가 있는 사람은 100 kW 이상 1 MW(1,000 kW) 또는 그 이상의 범위에서 선택하면 가중치가 0.7~1.0이라는 다소 불리한 점이 있지만 다른 이점도 있다. 첫째로 규모가 커지면 재료나 설치비가 80% 이하로 떨어지며, 둘째로 토지효율성이 높아진다. 솔라 모듈의 배치간격이나 배치방법에서 훨씬 융통성이 커질 뿐만 아니라 100 kW의 발전소설치 시 토지의 면적이 1500 m^{2}이 필요하다면 이 중 약 10%(약 150 m^2)가 울타리경계와 발전소 간의 2 m 간격유지 면적으로 할당해야 하지만 그 10배인 1 MW의 경우에는 480 m^2(약 3.2%) 정도밖에 안되므로 상대적으로 6.8%만큼 절약된다. 또한 부품구입이나 공사비도 내려간다. 결국 규모가 커질수록 수익률은 유리할 수밖에 없다. 개인사업자가 공사대금의 일부를 은행대출로 100 kW 발전소 1기(基)를 건설할 경우에 일반적으로 '대출 60%(자기자본 40%)'인 경우가 많다.

그렇다면 100 kW 업체위탁 시공비가 2억 2,000만 원, 은행 대출금리 연 4%일 경우, (1) 100% 자기자본을 투자할 때와 (2) 60% 은행대출일 때의 연 수익금을 계산에 의해 비교해 보기로 한다. 여기서 은행대출은 1년 거치, 11년 균등상환을 적용하여 매년 원리금이자를 상환한다고 가정한다. 단, 계산의 편의상 SMP + 가중REC(육지의 일반부지) = 220원, 평균 일조시간 = 3.5시간, 연 유지관리비는 180만 원, 효율저하에 의한 초기 10(12)년간의 평균 생산전력은 95%, 나머지 10(8)년간의 평균 생산전력은 85%, 연 금리 4.0%로 계산한다.

〈주〉 실제로의 계산은 다소 많거나 작을 수 있으므로 참고용임을 감안.

(1) 100% 자기자본 수입금: 평균 생산전력을 90%로 보면{(95% + 85%)/2},
  $100 \times 220 \times 3.5 \times 365 \times 0.9 = 25,294,500$원
  여기서 연 유지관리비 180만 원을 빼면 $25,294,500 - 1,800,000$
  $= 23,494,500$
  → 연 수익률 = $23,494,500 \div 220,000,000 \times 100 ≒ 10.7\%$

(2) −40% 자기자본: $220,000,000 \times 0.4 = 88,000,000$원
  −60% 은행대출: $220,000,000 \times 0.6 = 132,000,000$원

- 대출만료기간까지 12년간의 발전수익금은
  $\{(100 \times 220 \times 3.5 \times 365) \times 0.95\} \times 12 = 320,397,000$원,
  * 전력생산효율: 95%로 계산
  A: 은행대출 연 상환금은 $132,000,000$원 $\div 11 = 12,000,000$원
  B: 상환 이자액은 $132,000,000 0.04 \times 0.04 = 5,280,000$원
  A + B = $17,280,000$원
  따라서 12년간 수익금은
  C: $320,397,000 - 17,280,000 \times 12 = 113,037,000$원
- 잔여 8년간(20년 − 12년)의 수익금은 대출 상환금이 없으므로
  D: $\{(100 \times 220 \times 3.5 \times 365) \times 0.85\} \times 8 = 191,114,000$원.
  * 전력생산효율: 85%로 계산
- 20년간 총 발전 수익금은 C + D이므로
  E: $113,037,000 + 191,114,000 = 304,151,000$원
- 연 평균 순 수익금은
  F: $304,151,000 \div 20 = 15,207,550$원
  따라서 연 순수 수익금은 유지관리비 180만 원을 뺀
  $15,207,550 - 1,800,000 = 13,407,550$
  → 연 수익률 = $15,207,550 \div 88,000,000 \times 100 ≒ 15.2\%$

결론적으로 은행대출 쪽이 수익률이 올라간다. 대출비율이 높아질수록 수익률이 높아지므로 가능하면 은행대출을 좀 더 많이 받는 것이 유리하다.

사업용 태양광발전소의 인허가 절차

태양광발전부지가 확보된 뒤 발전허가에서 상업운전까지의 절차를 간단히 정리하면 아래의 그림과 같다.

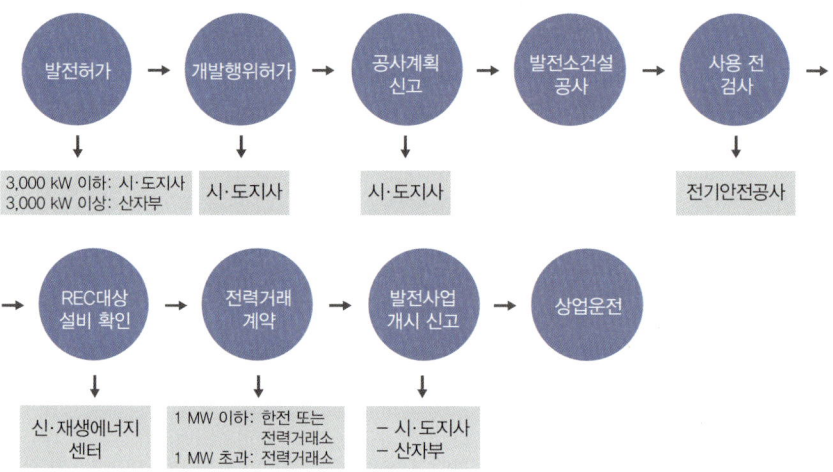

앞에서 부분적으로 설명한 사항도 있으나 좀 더 자세한 추가설명이 필요한 항목에 대해서 설명하기로 한다.

| 발전사업허가 신청 |

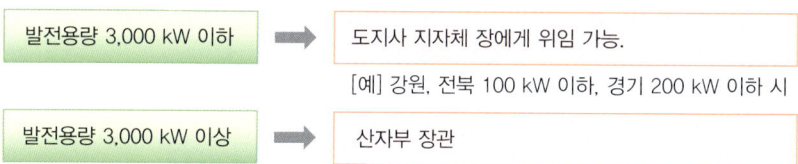

　발전허가는 200 kW~3,000 kW 이하인 경우에는 전기사업허가 신청서와 사업계획서(송전일람도 포함)가 필요하며 3,000 kW 초과인 경우에는 아래와 같은 서류가 추가로 필요하다.

200 kW~ 3,000 kW 이하	발전원가 명세서, 기술인력 확보계획
3,000 kW 초과	발전원가 명세서, 기술인력 확보계획, 5년간 예상 사업 손익 산출서, 전기설비 개요서, 신용평가 의견서, 재원조달계획서, 법인인 경우 정관, 대차대조표, 손익계산서 추가

　첨부서류는 아래와 같다.
- 토지이용계획 확인서
- 지적도 등본
- 토지대장
- 등기사항전부증명서
- 가족관계증명서
- 주민등록 등본
- 인감증명서
- 신원조회 동의서
- 자기자본 증명서(통장잔고증명서)

- 모듈 인증서 및 시험성적서(차후 PPA계약 시 제출하므로 생략하기도 한다.)
- 인버터 시험성적서(상기와 동일)
- 전주사진
  * 토지 임대인 경우는 토지임대 계약서 및 토지주 인감증명서. 법인인 경우는 추가서류 필요.
- **사업계획서**에 들어가는 내용을 정리하면 아래와 같다.
  가. 사업구분
  나. 사업계획 개요
   - 사업자 명칭
   - 전기설비의 명칭 및 위치
   - 발전형식 및 연료
   - 설비용량
   - 소요부지 면적
   - 준비기간
   - 사업개시 예정일 및 운영기간
  다. 전기설비 개요
   - 태양전지의 종류, 정격용량, 정격전압 및 정격출력
   - 인버터의 종류, 입력전압, 출력전압 및 정격출력
   - 집광판의 면적
   - 솔라 모듈 배치도 및 상세도(평면 및 측면도)
  라. 전기설비 건설계획
  마. 부지의 확보계획 및 배치면적
  바. 소요금액 및 조달계획(공사비 개괄 계산서 포함)
  사. 사업개시 예정일로부터 5년간 연도별 · 용도별 공급계획

아. 송전·변전 설비
- 변전소의 명칭 및 위치
- 변압기의 종류, 용량, 전압, 대수
- 송전선로의 명칭, 구간 및 송전용량
- 개폐소의 위치(동, 리까지 적을 것)
- 송전선의 종류, 길이, 회선 수 및 굵기의 1회선 당 조수
- 송전관계 일람도(연계단선 결선도)
- 전주 사진

자. 전기저장장치
- 이차전지의 종류, 입력전압, 출력전압 및 정격출력
- 변환장치의 종류 및 제어방식

전기사업 신청 후 처리기간은 60일 이내이다.

| 개발계획허가 |

개발행위허가는 발전용량에 따라 아래의 기관에 신청해야 한다.

100 kW 미만	시장, 군수, 구청장
100 kW 이상 1,500 kW 이하	지자체단체장
1,500 kW 초과 3,000 kW 이하	광역자치단체장
3,000 kW 이상	산자부장관

앞서도 언급했지만 개발행위허가는 '국토개발 및 이용에 관한 법률', '산지법', '농지법', '도로법', '하천법' 등의 규제에 관한 지식이 필요하므로 충분한 경험이 있는 '토목 및 측량 설계사무소'에 맡기는 것이 비용이 들긴 하지만 개인이 수행하는 것보다 쉽고 빠르게 허가를

진행할 수가 있다. 이때 산지 및 농지보전금을 포함한 토목측량 및 설계 등에 대한 용역비, 면허세, 주민세, 채권 등 제반 비용이 추가로 들어간다. 일정 규모 이상의 계획관리, 생산관리, 보전관리지역, 농림지역 등에 대해 소규모 환경평가 및 사전재해영향성 검토를 받아야 하며, 그 토지면적은 아래와 같다.

구 분	면 적
계획관리지역	10,000 m² 이상
생산관리지역	7,500 m² 이상
보전관리지역	5,000 m² 이상
농림지역	7,500 m² 이상
생태.경관보전지역	핵심구역: 5,000 m² 이상
	완충구역: 7,500 m² 이상
	전이구역: 10,000 m² 이상
자연유보지역	5,000 m² 이상

또한 상수원보호구역, 개발제한구역, 문화재보호구역, 군사보호구역 등에 대해서는 해당 지자체의 도시계획 위원회의 강력한 심의를 거쳐야 하며, 심의위원회에서 중점적으로 심의하는 내용은 아래와 같다.

① 입지의 적정성(진입로, 산지인 경우 경사도)
② 기반시설계획(배수시설)
③ 주변지역의 환경 및 경관보호
④ 안전 및 방재대책(경계 울타리, 침수방지 및 소방대책 등)

개발행위의 신청에서 허가까지의 절차는 아래와 같다.

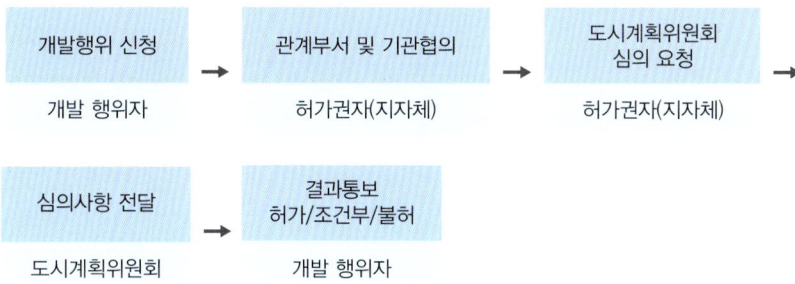

최근 개발행위의 허가를 취득하기가 무척 어려워졌다. 따라서 개발행위 신청자는 사전에 허가지역 지자체의 조례를 충분히 이해하여 그에 따른 준비(부지의 입지여건, 진입로확보, 부지의 환경, 주민민원 등)를 잘 마친 뒤에 신청하는 것이 무엇보다 중요한 일이다. 국내 지자체의 조례에서 규제하는 주민 주거지와 도로와의 이격거리, 공공기관 및 문화재와의 이격거리 등이 각 지자체에 따라 다르다. 참고로 그 범위를 간추려 보면 아래와 같으며 좀 더 상세한 것을 알고자 하면 부록 1을 참조하길 바란다.

구 분	내 용
주거 밀접지역과의 이격거리	100 m~1,000 m
도로(포장된 2차선 이상의 도로)	100 m~1,000 m
공공기관과 문화재와의 이격거리	200 m~500 m
해안선과의 이격거리	250 m~500 m

| 발전소건설 공사 |

개발행위 허가가 나면 발전소부지에 대한 기반공사(토목 및 기초공사), 철 구조물이나 울타리공사, 전기공사 등이 차례로 이루어진다. 울타리공사는 부지의 입지상태에 따라서 앞 단계에서 할 수도 있고, 마지막에 할 수도 있다. 공사는 한국에너지공단에서 매년 선정하는 신·재생에너지발전(태양광) 참여기업체에 맡기는 것이 바람직하다.

기초공사

솔라 패널의 기둥을 받치는 기초공사는 세 가지 방식이 있다.
① **독립기초**: 집을 지을 때 기둥과 보와 같이 개개의 기둥을 독립적으로 지지하는 방식.
② **통 기초**: 연속기초라고도 하며 패널의 하중을 분산시키기 위해 기둥을 여러 개 받칠 수 있도록 땅 밑바닥에 철근 그물망을 깔고 그 위에 레미콘을 채우는 방식.
③ **매트기초**: 지층의 두꺼운 슬래브 위에 기둥을 지지하는 방식으로 지반이 약해 독립기초가 어려울 때 사용한다.
④ **스파이럴 기초**
콘크리트를 치지 않고 장비를 이용하여 회전 압입 방식으로 나사 형태의 알루미늄 기둥을 땅속으로 파고들어가도록 하여 고정된 지지대를 만드는 방식.

스파이럴(spiral) 방식은 콘크리트 방식에 비해 시공시간이 훨씬 짧다는 점과 연약지반에서도 지반이 붕괴될 우려가 없을 뿐만 아니라 발전소폐소 시에도 재사용이 가능하기 때문에 폐기물 처리대상이 아니라는 장점이 있다. 가격도 앞에서의 방식보다 별로 차이가 나지 않으므로 최근 사용이 늘고 있는 방식이다.

독립기초 통 기초

매트기초

스파이럴 기초

철 구조물공사

① 지지대

솔라 패널을 올려놓는 지지대는 세 가지의 유형이 있으며 비용 순으로 적으면 고정식, 고정가변식, 추적식이다.

- **고정식**: 솔라 패널의 각도를 한 방향으로(남쪽) 일정하게 고정시킨 방식.
- **고정가변식**: 고정식구조에서 솔라 패널의 상하각도를 조정하는 방식.
- **추적식**: 솔라 패널의 각도를 상하(남북) 및 좌우(동서)로 햇빛을 따라서 움직이는 방식.

추적식은 방향조절 전자회로와 모터 및 보조 기구장치로 구성되며 솔라 패널이 움직이므로 여유 공간을 확보해 주어야 할 뿐만 아니라 장치비용이 추가되므로 비교적 고가이다.

지구가 스스로 도는 자전과 지구가 태양을 중심으로 서쪽에서 동쪽으로 도는 공전에 의해 낮과 밤, 그리고 사계절이 생긴다. 태양의 남중고도는 여름에 가장 높고 겨울에 가장 낮으며 봄, 가을은 그 중간이다. 따라서 솔라 패널과 태양의 각도를 직각으로 하는 것이 가장 많은 태양에너지를 받아 발전량을 높일 수 있으므로 고정가변식에서는 1년에 3번(여름, 봄/가을, 겨울) 또는 2번(여름, 겨울)씩 지지대의 각도를 조절해 주며 이때의 적절한 지지대 각도는 아래와 같다.

시 기	여름	봄/가을	겨울
각 도	20°	36°	52°

다음의 그림은 이 세 가지 지지대의 방식을 이해하기 쉽게 나타낸 것이다.

❶ 고정식

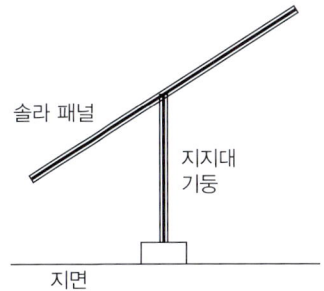

❷ 고정가변식

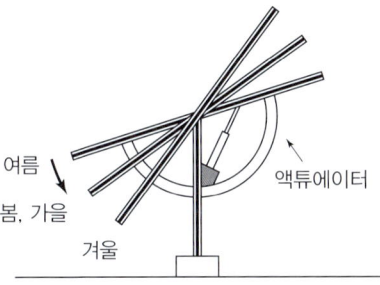

❸ 추적식

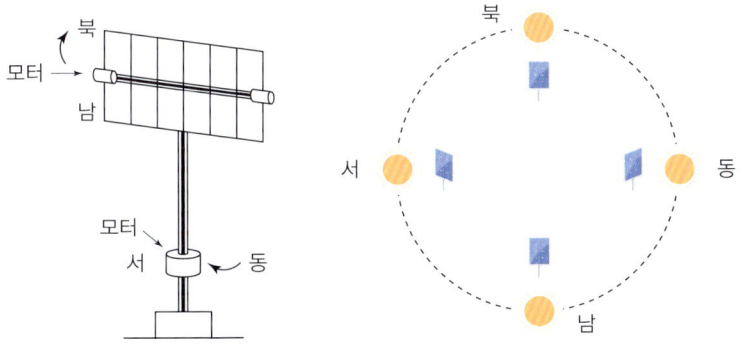

고정가변식에서는 그림에서와 같이 엑튜에이터(actuaiter)라고 하는 반원 형태의 기구장치를 솔라 패널과 지지대 사이에 모터를 이용하여 솔라 패널과 태양과의 각도를 비교적 간단하게 조절할 수 있으며 초기에는 수동이 많았지만 최근 리모컨으로 조정할 수 있는 것도 있다.

추적식은 가장 많은 발전량을 얻을 수 있는 방식이지만 소규모의 발전에서는 비용 대비 발전수익에 큰 이점이 없으므로 잘 사용하지 않고 대규모의 발전소에서나 이용되고 있다. 소규모 발전소에서는 고정식보다 다소 많은 발전량을 얻을 수 있는 고정가변식을 많이 사용하고 있다.

② 철 구조물

철 구조물의 재료는 **융용 아연도금, 포스맥, 알루미늄** 등이 있으며 가격 면에서는 융용 아연도금 → 포스맥 → 알루미늄 순이지만 각기 장단점이 있다.

알루미늄은 가장 비싸다는 단점이 있지만 무게가 가볍고, 녹이 슬지 않으므로 내구성이 좋으며, 포스맥은 포항제철에서 생산되는 제품으로 아연, 알루미늄, 마그네슘을 혼합한 합금도금강관으로 내식성이 좋고 취급성이 좋은 제품으로 가격이 크게 비싸지 않으므로 최근 사용이 늘고 있다.

| 전기공사 |

   전기부문에서 이상이 발생하면 발전에 치명타이므로 전기공사업체의 선정은 매우 중요하다. 당연히 전기공사허가증을 발급받은 업체이어야 하며 신·재생에너지(태양광) 보급사업에 선정되고 발전에 문제가 발생했을 때 가장 신속히 해결해줄 수 있는 발전소부지에서 가까운 업체를 선정하는 것이 유리하다. 전기공사에 사용되는 부품이나 접속 반은 KS 인증제품이어야 하고 가급적이면 누전이 발생하지 않도록 배선은 보호관을 사용하거나 부지 상황에 따라서는 선의 지중화도 고려해야 한다. 전기부문에서 발생할 수 있는 고장은 솔라 모듈이나 선로의 이상으로 발생되는 과전류에 의한 접속반의 퓨즈 또는 역류방지용 다이오드가 손상이 되거나 벼락천둥으로 낙뢰방지 소자가 손상되는 고장, 전력상황을 나타내는 발전전력 상황 표시의 모니터링기의 이상, 또는 드물지만 인버터의 이상으로 전력량이 급히 감소하는 등이 있을 것이다. 전기공사가 완료되면 반드시 자체에서 설계대로 공사가 제대로 되어 있는지를 유자격자(전기감리사)에게 감리를 받아야 한다.

| 사용 전 검사 |

   발전소를 가동하기 전에 전기안전공사로부터 전기의 안전상태를 점검받아야 한다. 각 지역마다 전기안전공사 지부가 있으므로 신청하여 점검을 받은 결과 지적사항이 있을 경우에 보완하여 재점검을

받으며 안전에 이상이 없다고 판정할 때까지 조치를 취해야 승인을 얻을 수 있다. 구비서류는 아래와 같다.

- 사용 전 검사 신청서
- 공사계획 신고필증
- 발전사업허가증 사본
- 감리배치확인서
- 전기감리사날인 도면
- 모듈, 인버터, 계량기 인증서 및 시험성적서

| REC 대상설비 확인 |

사용 전 검사를 받고 1개월 이내에 설치된 발전소가 공급인증서(REC)를 받을 수 있는 설비인가를 확인하는 절차로 '신·재생에너지센터'의 RPS종합지원시스템에서 인터넷으로 신청한다.

| 전력거래 계약 |

전력거래는 SMP와 REC의 두 가지가 있다. SMP는 1 MW 이하는 한전 또는 전력거래소에서, 1 MW 이상은 전력거래소에서 매시간 에너지원의 최고치의 평균에 의해 정해지는 매월 SMP를 발전량에 해당하는 값으로 받는다. 반면에 REC는 앞서 설명한 바와 같이 공급의무자와 장기고정가격 계약의 절차에 따라 SMP + REC로 받는 방법과 현물시장(전력거래소)에서 경쟁 입찰에 의해 정해진 금액으로 현금화하는 방법이 있다.

| 발전사업 개시 |

끝으로 3,000 kW 이하의 발전사업자는 군수, 시장, 도지사 또는 산업통상자원부 장관에게 발전개시 신고를 한 뒤 상업용 발전을 개시하게 된다. 구비서류는 아래와 같다.

- 사업개시 신고서
- 설치현장 사진
- 사용 전 검사필증
- 전력수급계약서 사본
- 사업자등록증 사본

ESS(에너지 저장 시스템)

ESS(Energy Storage System)는 에너지 저장시스템으로 과잉 생산된 전력을 저장해 놓았다가 부족한 시간대에 사용하는 장치이다.

주택, 상가, 공장, 또는 공공기관에서 전기요금이 싼 시간대에 전력을 충전해 놓은 뒤 전기요금이 비싼 피크전력 시간대에 ESS를 사용하면 시간적, 공간적, 경제적 이점을 지니고 있다. 특히 갑작스런 정전이나 재해가 발생 시 ESS를 이용하여 위기에 대체할 수 있다. 아래의 그림은 태양광에 ESS를 연계하여 사용하는 시스템을 나타낸다.

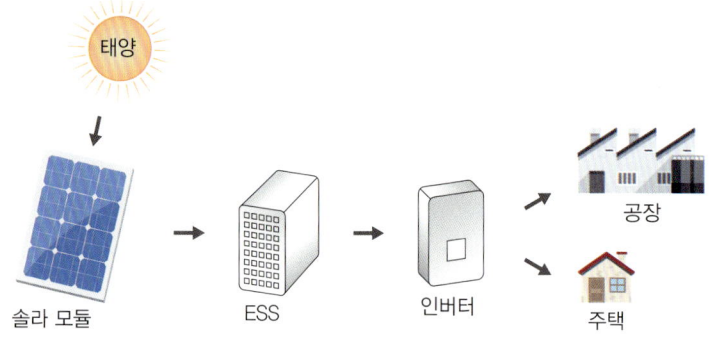

솔라 모듈로부터 생산된 직류전력을 그대로 축전해 놓았다가 직류를 교류로 바꾸어주는 인버터를 거쳐 필요한 곳에 공급해줄 수 있는 하나의 규모가 큰 축전지라고 볼 수 있다. 아래의 그림은 한전에 설치한 대규모의 ESS설비이다.

ESS장치는 그 방식에 따라 여러 종류가 있지만 현재 국내에서 주로 사용되는 ESS시스템은 리튬이온전지 방식과 압축공기저장 방식이 있으며 전자는 스마트 폰과 같은 리튬이온전지를 수십만 개에서 수백만 개 이상을 사용하여 kW급 또는 MW급 전력을 저장하며 후자는 심야전기를 이용하여 공기를 대기압의 50배 정도로 압축하여 지하암반에 저장하는 방식이다.

배터리(전지) ESS시스템의 구성도는 아래와 같다.

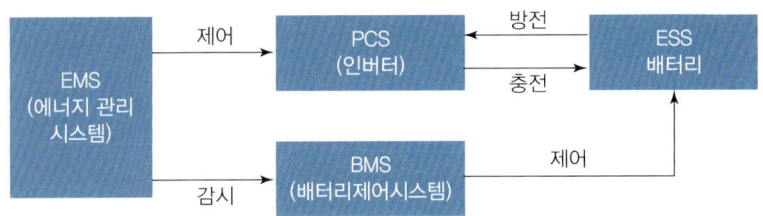

세계 ESS 설치현황은 다음의 도표와 같이 ESS의 수요가 매년 증가하고 있음을 알 수 있으며 국내 리튬이온 ESS용 전지를 대량 생

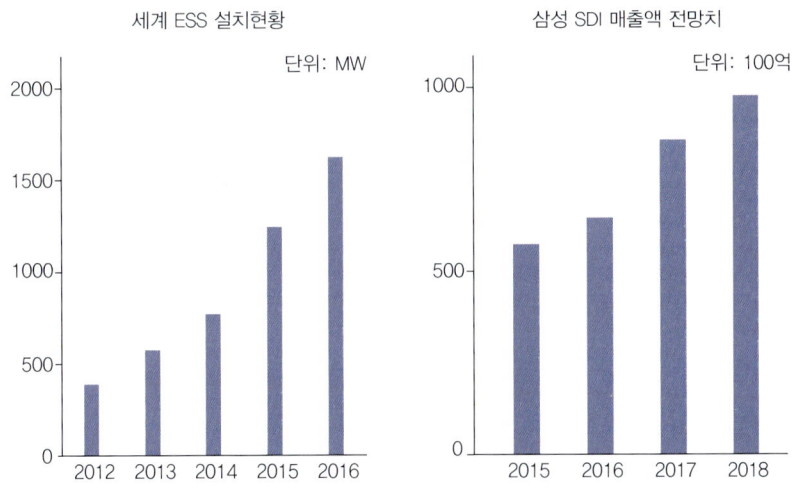

산하고 있는 삼성SDI의 매출액 전망치 역시 매년 20%씩 증가로 되어 있다.

국내 ESS시스템 제작업체로는 LG전자, 에스원 씨브이넷, 한경닷컴, 이온, 효성, 포스코ICT 등이 있으며 리튬이온전지 대량생산 업체로는 삼성SDI, LG화학, UNS사 등이 있다. 정부는 신·재생에너지 확대정책에 ESS를 포함시켰으며 정부의 ESS 지원대책으로 다음과 같은 것들이 포함되어 있다.

- 일반용, 산업용 ESS설비에 대한 할인 요금제도
- 태양광발전과 연계된 ESS설비의 가중치를 5로 한시적 적용 (2018.6.30까지)
- 비상용발전기로 ESS의 활용 허용
- 발전량 1 MW 이상에 대하여 전력시장 거래허용
- 6,000억 원 규모로 송·배전용 ESS 투자

ESS 할인요금 적용대상과 할인 전·후의 내용은 아래와 같다.

구 분	할인 확대 전	할인 확대 후
적용대상	일반용, 산업용(을)	일반용, 산업용(갑)Ⅱ 일반용, 산업용, 교육용(을)
요금 할인 폭	경 부하 총 전력요금 10% ESS 이용 피크 감축 대비 기준요금 1배 할인	경 부하 총 전력요금 50% ESS 이용 피크 감축 대비 기준요금 3배 할인
적용기간	2015.1.1~2019.12.31	2011.1.1~2019.12.31

가정용 ESS 충·방전전력의 차익거래 개념은 아래의 그림과 같다. 즉, 심야에 축전(충전)된 전력을 수요가 최대로 되는 시간대에 적력을 매도하여 이익을 취하는 개념이다.

구분	충전	방전
내용	• 전력수요 감소 • 전기요금 절약	• 전력수요 증가 • 전기요금 상승
시간대	심야시간	전력수요 피크시간

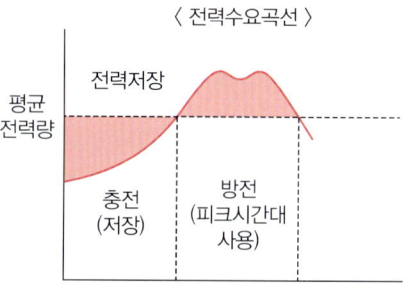

〈 전력수요곡선 〉

좀 더 알기 쉽게 ESS 전용요금제 활용 시 전기요금 절감제도를 나타낸 것이 아래의 그림이다.

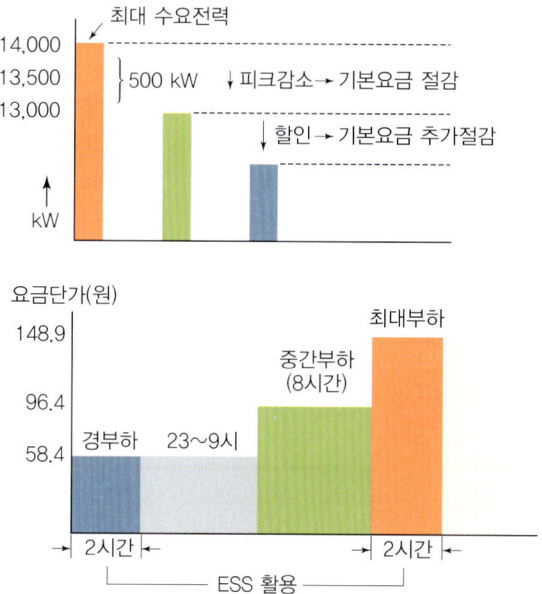

일반용 또는 산업용에 대해서 할인요금제를 적용하는 한편 태양광발전 연계ESS설비에 대해서는 REC 가중치 5의 혜택을 주고 있다. 주택이나 공장용 ESS가 밤에 충전, 낮에 방전한다면 태양광발전 ESS는 낮 시간대(오전 10시~오후 4시)에 충전하여 필요한 시간대에 방전하여 사용하는 점에서 차이가 있다.

　태양광발전 연계 ESS설비에 대해서 REC 가중치 5를 주는 혜택은 정부가 좀 더 원활한 신·재생에너지 보급·확대정책을 실현해 나가기 위함 때문이며 당초 2017년까지 한시적으로 적용하려 했으나 2018년 6월 30일까지 연장하기로 하였다. 차후 그 값의 조정이나 적용기간 연장 등은 조만간 다시 결정되겠지만 기간은 다시 연장이 되고 REC 가중치는 다소 감소되리라고(매년 약 0.5%씩) 예상하는 이들이 많다.

　다음의 그림은 태양광발전 사업자가 생산한 전체전력을 그대로 한전접속선로에 연계하여 보낸 경우와 ESS를 거쳐 한전접속선로에 연계하여 보낸 경우에 한전 또는 전력시장에서 ESS전력을 판매하는 경우의 발전수익의 차이를 나타내는 개념도이다. 단, 계산은 1일 일조시간을 3.5시간, 발전일수는 365일(1년)로 하였다.

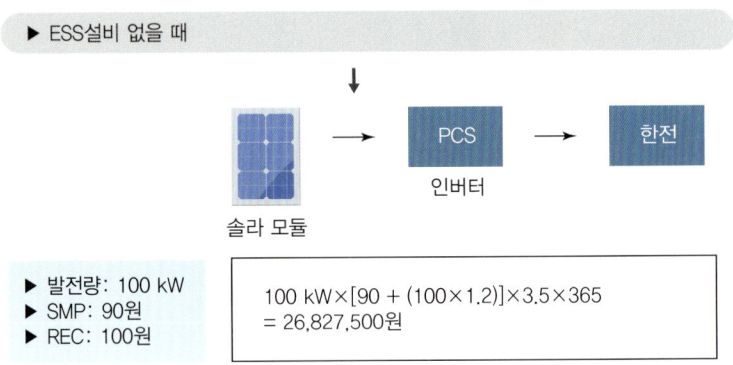

▶ ESS설비 없을 때

솔라 모듈 → PCS(인버터) → 한전

▶ 발전량: 100 kW
▶ SMP: 90원
▶ REC: 100원

100 kW×[90 + (100×1.2)]×3.5×365
= 26,827,500원

▶ ESS설비 있을 때

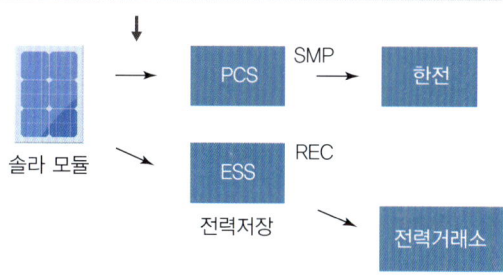

- ▶ 발전량: 100 kW
- ▶ SMP: 90원
- ▶ REC: 100원

100 kW×[90 (100×5)]×3.5×365 = 75,372,500원
만일 충·방전 전력손실이 30%라고 가정하면
75,372,500×0.7 = 52,760,750원

　ESS는 충전과 방전을 반복하면 방전손실이 생긴다. 따라서 ESS설비 연계 시 발전수익금은 그 손실 30%를 뺀 값이 위의 계산에서와 같이 전체발전량의 약 70%(×0.7)라고 가정할 때 연간 수익금은 52,760,750원이므로 52,760,750 − 26,827,500 = 25,933,250원의 차이가 나며 ESS설비 연계 시 수익금은 약 3배로 증가한다.

　사실 개인사업자가 태양광발전에 연계해서 ESS설비를 설치하자면 비용부담이 크다. 그러나 REC 가중치 5가 적용되는 2018년 6월 말 이전이라면 설비대금의 약 60%를 은행대출(약 1억 2,000만 원)로 설치한다고 해도 개략 계산해 본다고 할 때(10년 균등상환, 금리 4.5%) 약 연간 1,000만 원의 추가수입을 올릴 수 있으므로 수익성이 좋다고 볼 수 있다. 따라서 가중치가 줄어들기 전에 발전허가 또는 사용 전 검사 시 빨리 ESS설비연계신청을 하는 것이 훨씬 유리하다고 하겠다.

　참고로 정부(한국에너지공단)가 ESS대여사업을 촉진하고자 최근 2017년 11월 21일 체결한 삼성카드, 메리츠화재, SGI서울보증사와의 협약 시스템을 소개하면 다음의 도표와 같다.

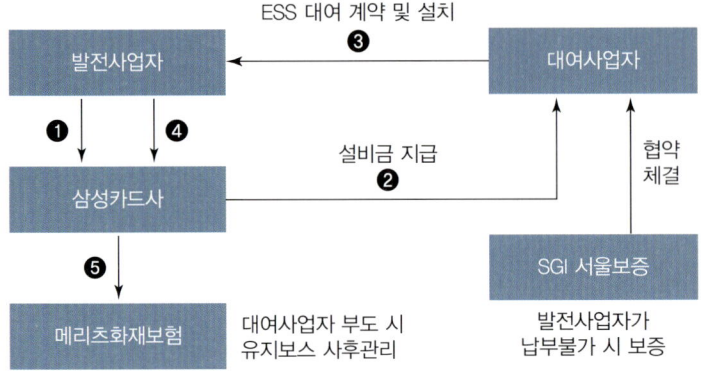

ESS설치자금을 카드사로부터 빌려(❶) 대여사업자에게 설비자금을 지급하면(❷) 대여사업자는 고객에게 ESS의 대여계약 후 설치를 해주고(❸) 절감된 전기요금으로 매월 대여료를 납부하는(❹) 방식으로 고객이 대여료를 납부할 수 없는 경우에 발생하는 손해를 SGI 서울보증에서 보증 지원해주고(❺), 대여사업자가 부도 시 메리츠화재사가 유지·보수 등 사후관리를 책임지는 금융상품이다.

최근 정부가 발표한 ESS설비 활용 시의 우대방침 가운데 관심사항을 정리하면

- ESS설비 활용 촉진전기요금제의 기본요금할인을 평균최대 수요전력 감축량의 3배로 하며, 대표기본요금을 한도로 감액 피크감축량을 배터리용량을 한도로 결정(2017년~2020년까지 한시)
- 경 부하 시간대에 충전요금을 50%로 할인하며 ESS전력을 사용하여 기본요금 절감 시 추가로 기본요금 추가할인 적용

등이 있으며 한전에서는 신·재생에너지 대여(렌탈)사업을 2018년 11월까지 발전소를 설치할 수 있는 3MW 이상의 태양광발전소를 대상으로 ESS대여사업자 공모를 고지하였다(2018년 1. 20~2. 19일까

지). 설치비이자를 10년간 분할납부하는 대여사업이다.

은행대출인 경우 신한, 우리, 국민은행 등에서 'ESS 협약보증대출'을 에너지공단의 추천과 신용보증기금의 보증으로 대출을 실시하고 있다. 신한은행의 '에너지 신산업 협약보증대출'의 조건을 요약하면 아래와 같다.

- 발전량 300 kW 이상
- 신용등급 BBB+ 이상
- 대출한도: 설치비용의 85%~90%, 이내로 15억 원까지
- 최장 15년, 1년 이내 분할 상환

태양광발전에 ESS연계 신청 시 필요한 구비서류는 아래와 같다.
- 발전사업 허가증
- 전력설비변경예정서
- 단선계통도
- 사업자 등록증
- 인감증명서
- 은행입금통장 계좌번호

태양광발전소의 운영, 유지 및 보수

'태양광발전소의 운영은 어떻게 하나요?'하고 물으면 정확한 답변이 어렵다. 시공업체가 무려 20년 동안 책임지고 운영해주겠다고 하는 것도 사실 현실성이 없는 답변이다. 그렇다고 개인사업자 또는 분

양자가 내가 알아서 열심히 운영하겠다고 대답하는 것도 현실성이 없다. 관련 전문지식이 모자라고 설령 발전소가 가까운 위치에 있다고 해도 부품이나 시스템에 문제가 발생 시 어떻게 조치를 해야 하는지, 또는 어떤 방법이 경제적인지를 결정하는 일은 쉽지가 않기 때문이다. 발전소에 문제가 발생하였을 때 얼마나 빨리 발전 중단시간을 줄이느냐가 발전량(수익)과 직관되는 일이므로 매우 중요하다. 특히 전기공사업체의 경우는 더 그러하다. A/S에 대한 업무를 언제든지 해줄 수 있다고 선전하는 시공업체나 관련업체가 있지만 단 시간 내에 적절한 비용으로 해결하는 데에는 한계가 있다. 따라서 예방차원에서 매월 유지비(5~8만 원)를 받고 발전소를 방문하여 발전상황을 점검해주는 전기안전관리 업체에게 맡기는 것이 그래도 차선의 방법이라고 생각된다. 앞으로 태양광발전소가 전국으로 확대되어 그 보급이 대폭 늘어나면 이런 업무를 체계적으로 수행하는 전문 업체가 생기겠지만, 아무튼 그때가 언제가 될지 모르므로 개인사업자 입장에서는 시공업체의 보증기간이 끝난 뒤라면 아래와 같은 조치가 최선의 방법이라고 생각된다.

① 수시로 모니터링에 의해 발전상황 체크
② 가까운 지역에 소재하는 태양광발전 시공업체의 연락처를 확보하여 정보교환
③ 다년간 운영 중인 타 발전사업자를 통한 정보입수나 태양광관련 동호회에 가입하여 상호 정보교환
④ 부품판매업자의 가장 가까운 A/S 지사의 연락처를 평소 기재해 놓고 이상 시 문의 또는 반품이나 부품 매입 후 상기업체②에 보수의뢰

태양광발전사업 관련 세무지식

발전사업자 가운데 그 수가 많은 개인사업자 위주로 설명하기로 한다.

토지세(재산세)

토지까지 포함해서 분양을 받는 경우는 토지에 대한 취득세를 분양자가 내야 한다. 예를 들어 2억 2000만 원의 분양대금 중 토지비용이 포함되어 있다면 분양받는 토지에 대해서는 토지 취득세 및 농지보전부담금(공시지가의 30%)을 본인이 내야 한다. 토지취득세는 농어촌특별세, 지방교육세를 합해서 농지인 경우 3.4%, 비 농지인 경우 4.6%이며, 분양과정에서 세금을 미리 내야 한다. 여기에 토지등기를 위한 법무사비가 다소 추가된다. 또한 매입한 토지에 대해서 매년 재산세를 내야하며 면적 × 공시지가/m^2을 과세표준으로 하여 아래의 표와 같은 세금계산식에 해당하는 금액에 지방교육세 20%를 가산하여 내야 한다. 예컨대 토지 면적이 1500 m^2이고 공시지가가 10,000원/m^2이라면 1,500만 원이므로 1500만 원 × (2/1,000) = 3만 원이므로 3만 × (10.2) = 36,000원의 재산세를 매년 내게 된다.

과세 표준	세금 계산액
2억 원 이하	토지금액 × 2/1,000
2~10억 원 이하	40만 원 + (2억 원 초과금액의 2/1,000)
10억 원 초과	280만 원 + (10억 원 초과금액 × 4/1,000)

부가세

부가세란 재료 또는 제품을 살 때 10%를 추가해서 내고, 생산 또는 가공해서 팔 때 소비자(구입자)로부터 다시 판매(매매)대금의 10%를 추가해서 받는 제도이다. 개인사업 발전소의 경우 매년 2회(1월, 7월) 부가세 정산(신고/납부), 법인인 경우에는 매년 1회(3월) 발전소운영 과정에서 지출되는 비용을 제외한 수입금에 대한 부가세를 같은 방법으로 내야 한다. 시공 시 총 분양대금 2억 2,000만 원, 그중 토지 대금이 4,000만 원이라면 1억 8000만 원에 대한 10%인 1800만 원의 부가세를 시공과정에서 내야 한다. 이 부가세는 차후 환급받으므로 실제 세금부담이 없는 셈이다. 그 다음에 발전소 운영과정에서의 부가세는 고정가격계약을 하게 되면 한전에서 수입금 은행통장 입금 시 아예 수입금의 10%를 미리 세무서에 내기 때문에 신경을 쓰지 않아도 된다. 한편 발전소 운영과정에서 들어간 통신비(인터넷), 모니터링 유지비, 안전관리비, 보험료, 고장 수리비, 청소비 등의 합산금액(세금계산서 발행분)을 총 지출액으로 하고, 기 한전에서 지불한 세금을 총 수입액으로 세무서에 부가세 신고하면 정산 시에 제 비용에(지출 총액)에 대한 10%를 환급받을 수 있다. 간단히 예를 들면 발전수입 연 총 금액(SMP + REC)이 1200만 원이고, 제반 비용이 100만 원이라면 100만 원 × 0.1 = 10만 원을 환급받게 된다. 단, 증빙서류를 제출해야 하므로 모든 근거서류를 사전에 챙겨야 한다.

소득세

다음으로 소득세가 있는데 소득세신고는 매년 5월말에 한번 뿐이다. 만일 개인사업자가 발전소 수입 이외에 전혀 수입이 없다면 순

발전수입에 대한 소득세를 내야 한다. 앞서의 부가세의 예에서 그 금액이 6개월분이므로 연 순수 수익은 (1200 − 100)만 원 × 2 = 2,200만 원이므로 이에 대한 소득세를 내야 하지만 여러 가지의 공제금액을 뺀 소득 환산금액(과세표준)은 줄어들게 되므로 100 kW인 경우 소득세는 연 50만 원 전후로 그리 많지 않을 것이다. 그러나 개인사업자가 타 소득이 있다면 그 금액을 합산한 종합소득세가 부과되므로 부담이 커진다. 이 경우에는 발전사업자 명의를 세금부담이 없거나 소득이 적은 가족명의로 한다면 절세가 될 수 있다.

⟨종합소득세율⟩

과세표준	세율	누진공제
1200만 원 이하	6%	−
1,200~4,000만 원	15%	100만 원
4,000~8,800만 원	24%	522만 원
8,800~1억 5,000만 원	35%	1,490만 원
1억 5,000만 원~5억 원	38%	1,940만 원
5억 초과	40%	29,40만 원

[예] 토지제외 분양대금 1억 8000만 원인 100 kW 발전소에서의 연 수입이 2,400만 원이고, 연간 안전관리비, 모니터링관련 인터넷/통신비, 소내전력료, 보험료, 청소비 등이 200만 원일 때 소득세는 얼마일까? 단, 기타공제 및 기타소득 없는 경우로 계산.

→ 계산식: 연 수입−제반경비−설비감가상각비
여기서 감가상각비는 내용 연수 20년(15~25년)에서 하한으로 계산하면 18,000/15 ≒ 1,200만 원. 과세표준액 = 2,400 − 200 − 1,200 = 1,000만 원이므로 세율 6%를 곱하면 1,000 × (6/100) = 60만 원이 된다.

〈참조〉 건축물 등의 내용연수(법인세법 시행규칙 별표 5)

구분	기준 내용연수/ 연수범위(하한~상한)	구조 또는 자산명
1	5년(4~6년)	차량 및 운구
2	12년(9~15년)	선박 및 항공기
3	20년(15~25년)	연와조, 블록조, 콘크리트, … 기타조의 모든 건물
4	40년(30~50년)	

조세특례제한법 제25조의 2

① 내국인이 대통령령으로 정하는 에너지절약시설에 2018.8.31일까지 투자하는 경우에는 그 투자금액의 1/100(대통령령으로 정하는 중견기업의 경우에는 3/100, 중소기업의 경우에는 6/100)에 상당하는 금액을 소득세(사업소득세에 대한 소득세만 해당.) 또는 법인세에서 공제한다.

위의 조세특례제한법에 의하여 상기 계산세금의 6%를 빼면 38 − (60 × 6 ÷ 100) ≒ 36.4만 원이다.

상속세 및 증여세

상속세는 상속인이 사망 시, 증여세는 생존 시에 배우자, 자녀, 친족에게 무상으로 재산을 물려주는 경우의 세금이다. 증여는 당사자들의 의지가 반영되는 반면 상속은 상속받는 사람들의 입장에서 고려하고 공제해 주는 금액이 더 많다. 따라서 증여세보다 적다.

태양광발전소의 경우에는 조세특례법상 가업상속업종에 해당되므로 상속세를 100% 공제해주므로 상속세가 없다. 단, 토지는 증여세 대상이므로 분양 시 임대가 아닌 사업자의 토지인 경우에는 증여세를 내야 한다.

⟨증여세율⟩

과세표준	세율	누진공제
1억 이하	10%	–
1억~5억 이하	20%	1,000만 원
5억~10억 이하	30%	6,000만 원
1억~30억 이하	40%	1억 6,000만 원
30억 초과	50%	4억 6,000만 원

⟨증여 기본공제⟩

구 분	기본 공제	비 고
배우자	6억 원	아내, 남편
직계비속	5,000만 원	자녀(단, 미성년자는 2,000만 원)
직계존속	3,000백만 원	부모
기타친족	1,000만 원	시부모, 장인장모, 사위

분양 받는 토지에 대한 증여세는 위에서와 같이 토지금액이 4,000만 원이라면 1억 이하에 해당하므로 증여세율 10%를 적용하면 400만 원이 된다. 여기서 자진신고서를 제출하면 세금의 7%를 감면해주므로 400 × (1 − 0.07) = 372만 원을 내게 된다.

PART 04

태양광발전사업의 미래와 Q&A

정부의 3020정책의 개요

정부가 2017년 11월 발표한 신·재생에너지 3020정책은 2030년까지 신·재생에너지의 전력생산 비율을 20%까지 끌어올리겠다는 계획이다. 그 요지를 간략히 요약하면 아래와 같다.

| 2030년까지 신·재생에너지에 대한 정책 개요 |

- 투자 및 발전량을 63.8 GWh로 늘리고(2017년: 15.1 GW, 2018~2030: 48.7 GW)
- 에너지원 별 발전단가를 하락시키며
- 신·재생에너지원 가운데 태양광과 풍력발전을 핵심으로 육성한다(아래의 도표 참조).

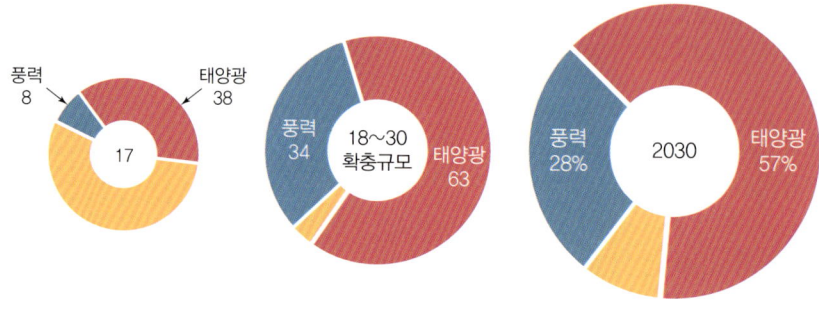

⟨전체 재생에너지 대 비중(%)⟩

⟨연도별 신·재생에너지 설비투자⟩ (단위: 조 원)

구 분	발전회사	자가설비	협동조합/ 소규모사업	농가태양광	계
보급량GW)	28.8	2.4	7.5	10	48.7

⟨연도별 신·재생에너지원 별 발전단가⟩ (단위: 원)

구 분	2017	2020	2023	2026	2030
태양광	152	129.5	110.4	94.1	76
육지 풍력	151	139.1	128.1	118	105.7
해상 풍력	259	238.5	219.7	202.3	181.3

| 태양광 및 풍력 산업단지를 조성한다(계획입지제도) |

| 주민참여형 사업 확대 |

① 2030년까지 19.9 GWh로 확대
② 주민참여형 협동조합에서 생산한 100 kW 미만의 발전량을 한전 자회사가 의무 구입
③ 농업용 태양광발전에 대한 금융융자를 5년 거치 10년 상환, 연금리 1.75%(변동금리)로 혜택

| 입지규제 완화 |

① 농업진흥지역 외 유휴농지를 태양광발전으로 허가
② 염해농지를 태양광부지로 20년간 허용

| 장애요인 제거 |

① 지자체 조례에 의한 규제 개선
② 계통접속 설비 증설(인프라 구축)
③ 농업 진흥구역 내 염해간척지, 농업용 저수지, 유휴국유재산 활용(농작물법 개정)

| 협동사업 및 시민참여 추진사업의 가중치 부여 |

① 1 MW 이상의 태양광사업에 주민 5인 이상이 참여 시
  - 지역주민의 지분이 10% 이상이고, 총 사업비의 2% 이상일 때 REC 0.1%를 추가해 준다.
  - 지역주민의 지분이 20% 이상이고, 총 사업비의 4% 이상일 때

REC를 0.2% 추가해 준다.

| 영농 복합형사업 계획추진 |

| 개량 형 FIT제도의 도입 |

공기업 6개사가 협동조합, 농민 등 소규모 사업자가 생산한 전력을 20년간 의무적으로 구매한다.

이상과 같은 3020계획에서 신규설비에 소규모 발전사업자 융자와 자가용 태양광 보급사업 등에 18조 원으로 공기업 51조 원, 민간기업 41조 원, 총 110조 원의 투자예산이 투입될 예정이다.

태양광발전사업의 미래와 지향점

태양광발전의 미래

지구상의 에너지가 고갈될 때 대체에너지를 찾는다면 필수 선택이 지구 밖의 태양광에너지이다. 많은 신·재생에너지원 가운데 태양광 및 태양열은 지구 자체에서 생산되지 않기 때문에 지구의 자원 손실 없이 자연 그대로의 에너지를 모아서 직류 또는 교류전력으로 변환하여 인류가 활용한다는 것이 가장 효율적인 방법이라고 생각할 수밖에 없다. 나노(nano)에서 피코(pico)로 소형화의 극치를 달리고 있는 반도체기술에 힘입어 태양광모듈의 집적도와 효율이 현재보다 훨씬 올라가고 제조원가가 급속히 내려간다면 태양광발전의 보급 속도는 더 빨라질 것이다. 역시 세계 각국들도 이러한 추세에 발맞추어 대부분 신·재생에너지원으로 태양광을 선택하고 있으므로 여건에 따라 다소 차이는 있으나 2050년에는 태양광에너지가 가장 비중이 큰 에너지원으로 자리매김을 할 것으로 예상된다. 앞으로 우리들 앞에 등장할 예상 태양광 산물을 열거하면 다음과 같다.

- 태양광 시설 하우스 및 농장
- 태양광주택 및 빌딩
- 태양광 온천
- 태양광 전기자동차 충전소
- 태양광 운송수단(전철, 열차, 버스, 선박 및 항공기)
- ESS 탑재 이동식 발전소

태양광발전의 지향점

지금까지 인류의 편익을 위해 개발한 많은 것들이 한편으로는 부수적인 부작용을 일으켰듯이 태양광발전의 폐기물이 또 다른 폐해 물질로 나타날 우려가 있으므로 이에 대한 대책을 사전에 수립해야 할 것이다.

특정 지역 집값 상승, 인구 및 투자 편중 현상을 유발시켰던 부동산개발처럼 태양광발전이 부익부 빈익빈 현상을 초래하여 소형 투자자들을 더 어렵게 만들어서는 안 되므로 과잉투자 현상 예방대책과 다수인 개인사업자를 위한 보호 및 안정적 수익대책이 확립되어야 할 것이다.

차후 발전소의 안정된 유지관리를 위한 시공업자의 보증기간을 늘리도록 하고 발전소의 대부분이 농촌에 소재하므로 효율적인 국토관리를 위한 포괄적인 태양광 입지 로드맵을 작성하여 합리적 허가조건을 마련한다. 또한 농민들이 자신들의 본업인 농사를 포기하는 현상이 발생되지 않도록 하는 장기적인 지원대책이 수립되어야 할 뿐만 아니라 모든 국민들이 더 쉽고 빠르게 신·재생에너지 정책을 이해할 수 있도록 좀 더 적극적인 홍보대책을 추진할 필요가 있다.

태양광발전에 대한 Q&A

Q 1. 개인이 태양광사업에 투자하고 싶은데 수익률은 어떻게 되나요?

A 1. 발전량의 규모, 개인설치인지 분양설치인지, 자기자본만의 투자인지 아니면 일부 은행에서 대출을 받아 투자할 것인지에 따라 수익률이 달라집니다. 100 kW(99 kW) 발전소에 대한 투자 시 아래의 조건에서 수익률을 계산해 보기로 합니다. 단, 부지는 본인 토지를 이용.

(1) 100% 자기자본(1억 8천만 원)인 경우 (2) 은행대출 1억 1천만 원인 경우

총 발전량: 99 kW	은행대출: 1억 1천만 원 (1년 거치, 11년 균등상환, 연 이자: 4%)
20년간 평균 발전량 85% ← (90 + 80)/2	SMP: 90원, REC: 110원, 가중치 1.2(일반부지, 육지) SMP + 가중REC = [90 + (110 × 1.2)] = 90 + 132 = 222원
1일 일조시간: 3.5시간	연간 보수·유지비: 180만 원(안전대행료, 모니터링, CCTV, 소내 전기료)

〈주〉토지 등기 시 제 비용(농지 또는 산지 보전금, 취득세, 등록세, 법무사비 등)은 계산에서 제외.

① 자기자금 100%인 경우: 연간 수입금: 99 kW × 222원 × 3.5시간 × 365일) ≒ 2,808만 원

20년간 평균 발전량은 85%이므로 2,808 × 0.85 ≒ 2,387만 원
상기금액에서 연간 유지비 180만 원을 빼면 → 2,387 − 180 = 2,207만 원 → 연간 수익률: (2,207 ÷ 18,000) × 100 ≒ 12.3%

② 은행대출(1억 1000만 원)인 경우(자기자본: 7,000만 원)

* 은행 연 균등상환금 = 1,000만 원

〈1년 거치, 11년 균등상환, 연 상환액 + 이자를 뺀 수익금〉 (단위: 만 원)

년차	원금 상환액	상환잔액	연 지급이자	상환금(A)	발전수입(B)
1	−	(12,000)	480	480	2,527
2	1,000	11,000	11,000 × 0.04 = 440	1,000 + 440 = 1,440	2,527
3	1,000	10,000	10,000 × 0.04 = 400	1,000 + 400 = 1,400	2,527
4	1,000	9,000	9,000 × 0.04 = 360	1,000 + 360 = 1,360	2,527
5	1,000	8,000	8,000 × 0.04 = 320	1,000 + 320 = 1,320	2,527
6	1,000	7,000	7,000 × 0.04 = 280	1,000 + 280 = 1,280	2,527
7	1,000	6,000	6,000 × 0.04 = 240	1,000 + 240 = 1,240	2,527
8	1,000	5,000	5,000 × 0.04 = 200	1,000 + 200 = 1,200	2,527
9	1,000	4,000	4,000 × 0.04 = 160	1,000 + 160 = 1,160	2,527
10	1,000	3,000	3,000 × 0.04 = 120	1,000 + 120 = 1,120	2,527
11	1,000	2,000	2,000 × 0.04 = 80	1,000 + 80 = 1,080	2,527
12	1,000	1,000	1,000 × 0.04 = 40	1,000 + 40 = 1,040	2,527
13	0	0	0	0	2,527
14	0	0	0	0	2,527
15	0	0	0	0	2,527
16	0	0	0	0	2,527
17	0	0	0	0	2,527
18	0	0	0	0	2,527
19	0	0	0	0	2,527
20	0	0	0	0	2,527
계	11,000		2,640	13,640	50,540

20년간 총 발전금액은 B − A = 50,540 − 13,640 = 36,900만 원
20년간 평균 발전량이 85%이므로 36,900 × 0.85 ≒ 31,365만 원
연간 발전수입은 31,365 ÷ 20 ≒ 1,568만 원
상기금액에서 연간 유지비 180만 원을 빼면 1,568 − 180 = 1,388만 원
자기자본: 18,000 − 11,000 = 7,000만 원이므로
→ 연간 수익률: (1,388 ÷ 7,000) × 100 ≒ 19.8%

자기자본 100%인 경우보다 은행대출 1억 1천만 원일 때의 수익률이 7.5% 가량 높다. 만일 (1)에서 자기자본 1억 8천만 원보다 4천만 원이 적은 1억 4천(7,000 × 2)만 원과 은행대출 2억 2천만 원(11,000 × 2)으로 100 kW 발전소 2개(200 kW)에 투자한다면 연 발전수입은 1,388 × 2 = 2,776만 원이 되므로 자기자본 1억 8천만 원 투자로 2,207만 원의 연 수입보다 연 569만 원(2,776 − 2,207)의 수익을 더 올릴 수 있다. 따라서 은행신용도가 높거나 담보능력이 있으면 은행대출을 이용하는 것이 훨씬 투자가치가 높아짐을 알 수 있다.

Q 2. 태양광발전소의 분양가가 차이가 나는데 그 주된 이유는 무엇인가요?
A 2. 일반적으로 토지까지 포함해서 분양을 하므로 매입부지의 가격에 따라 차이가 날 수 있으며, 또한 사용하는 모듈이나 인버터의 가격에 따라 분양가의 차이가 날 수 있습니다.

Q 3. 태양광발전사업은 개인, 법인 중 어느 쪽이 유리한가요?
A 3. 자금사정이나 발전규모에 따라 다르다고 말할 수 있으나 1 MW 이상의 경우 금융 면이나 세금 면에서 법인 쪽이 유리하다고 봅니다.

Q 4. 태양광발전소를 타인에게 매도가 가능한가요?

A 4. 매도가 가능합니다. 신·재생에너지센터에 구비서류를 제출하여 명의변경을 한 뒤 신·재생에너지센터의 관리시스템에 등록을 해야 합니다. 신설 발전소인 경우 사용 전 검사를 마친 뒤부터 매도가 가능합니다.

Q 5. 사업자가 생산한 전력을 장외에서도 거래가 가능한가요?

A 5. 장외란 전력거래소 밖을 뜻하고, REC의 판매에 관한 질문으로 이해하고, 답변을 한다면 불가능합니다. 발전사업자만이 전력거래소를 통한 입찰에 의해서 REC의 거래가 가능합니다.

Q 6. 선로전력가격은 한전과 한번 계약하면 가격변동은 없나요?

A 6. '고정가격 계약 입찰'에 의해 선정이 되는 경우에 대한 질문으로 알고 대답하겠습니다. 선정 후 공급의무사와 SMP + REC 계약 시 (1) 고정형과 (2) 변동형 가운데 후자를 선택하지 않고 전자를 택한다면 변동이 없습니다. 본문 참조.

Q 7. 계약기간이 끝나고서도 전력생산이 가능할 경우에 전력판매가 가능한가요?

A 7. 고정가격계약은 20년이 만기이므로 그때 끝나지만 발전설비가 제대로 가동이 된다면 현물시장에서 SMP와 REC의 지속적인 거래를 통하여 수입을 얻을 수 있습니다.

Q 8. 태양광발전사업의 원금회수기간은 얼마인가요?

A 8. 연간 발전량에 따라 많이 달라지므로 일률적으로 답할 수는 없

지만 부지가 자기토지이고, 대출이 없이 자기자본의 투자비 1억 8천만 원, 100 kW이고, 매년 발전수입금이 2,600만 원일 때 7년 정도로 예상하면 됩니다.

Q 9. 태양광발전소를 분양하는 것과 본인이 수주해서 설치하는 것 중 어느 쪽이 유리한가요?

A 9. 서로 장·단점이 있습니다. 물론 분양을 통하지 않고 본인의 토지를 사용하든가 토지를 임대해서 본인이 시공업체에 맡겨서 하면 다소 비용이 절감됩니다. 그러나 신경을 써야하는 일을 싫어하는 분들은 거의 모든 일을 알아서 처리해 주는 분양업체에 맡겨서 설치하는 쪽을 택합니다.

Q 10. 발전소 내구기간이 지난 뒤 부품이나 설비의 폐기물처리를 어떻게 하나요?

A 10. 사업자가 재활용이 가능한 부품은 팔거나 다른 용도로 활용할 수 있지만 폐기물은 사업자가 비용 자기부담으로 처리해야 됩니다.

Q 11. 태양광발전소를 가족에게 상속할 때 세금을 내야 하나요?

A 11. 가업상속업종에 해당되므로 내지 않아도 됩니다. 다만, 토지가 포함된 경우는 토지에 대한 증여세를 내야 합니다. 본문 참조.

Q 12. 태양광발전사업자는 부가세를 내나요? 또 종합소득세는 어떻게 되나요?

A 12. 개인사업자는 연 2회(1월, 7월), 법인사업자는 연 1회(3월) 부가세를 신고하고 해당세액을 내야 됩니다. 종합소득세도 내야 됩니다. 다른 소득이 있는 경우에는 그 소득과 합산해서 종합소득세가

부과되므로 유의해야 합니다. 본문 참조.

Q 13. 3 kW를 주택지원으로 설치하는 것과 창고에 설치하는 것 중 어느 쪽이 수익성이 나을까요?

A 13. 정부지원금 사업으로 자가용인 경우 설치비는 같습니다. 단, 주택지붕과 창고지붕 중 태양광의 빛을 어느 쪽이 더 잘 받을 수 있느냐에 따라 발전량이 다소 차이가 있을 수 있으므로 그런 관점에서 더 나은 쪽을 선택하는 것이 바람직합니다.

Q 14. 모듈효율이 해마다 떨어진다고 하는데 얼마나 떨어지나요?

A 14. 모듈 제조업체 및 품종, 유지관리의 정도에 따라 다르므로 일괄적으로 얼마라고 대답하기는 어렵지만 보편적인 설치모듈을 기준으로 할 때 매년 0.8~0.9% 정도 감소한다고 예상합니다. 10년 후면 90% 전후로, 20년 후면 80% 전후로 떨어진다고 봅니다.

Q 15. 모듈과 인버터의 수명은 몇 년인가요?

A 15. 모듈의 수명은 25년 정도, 인버터의 수명은 제조업체마다 5년으로 보증한다고 하지만 인버터의 핵심부품인 내부 파워반도체의 상태가 사용기간에 영향을 주므로 관리(통풍, 환기, 습도 등)만 잘 하면 10년 이상도 가능합니다.

Q 16. 국내 태양광발전소의 지역별 분포 상황은 어떤가요?

A 16. 2017년까지 설치된 발전소의 개수 순위로 볼 때 전남, 전북, 충남, 경북의 순입니다.

Q 17. 은행대출은 지방은행에서만 가능하다는데 그게 사실인가요?

A 17. 제1 금융권인 신한, 우리, 국민, 기업, 하나은행과 농협에서도 가능합니다. 지점에 따라 가능여부가 다르므로 해당 은행을 방문하여 상담하시길 바랍니다.

Q 18. 임야와 절대농지에서도 발전허가가 가능한가요?

A 18. 임야는 계획관리, 생산관리, 보전관리지역이면 가능하지만 절대농지(농업진흥지역)는 농업전용 토지로 농지의 감소를 막기 위해 보존시키는 토지이므로 허가가 안 됩니다. 다만, 농업진흥구역의 기 건축된 축사, 버섯 재배사 등에는 설치가 허용되고 있습니다.

Q 19. 태양광사업 타당성조사를 해주는 곳이 있나요?

A 19. 태양광발전사업자 대부분이 타당성조사를 상담해주고 있습니다. 에너지 코리아(energykorea.com)에서 소프트웨어를 이용한 타당성조사가 가능하며, 최근 태양광전문 부동산중개사무소나 일부 법무사무소 등에서도 상담을 해주고 있습니다.

Q 20. 발전소를 지어서 그 일부를 자가용으로 사용하고자 하는데 가능한가요?

A 20. 문의하신 '발전소'를 사업용 발전소로 알고 대답해 드리겠습니다. 100% 판매용으로만 사용해야 되며, 자가용으로 일부 사용하는 것은 불가능합니다. 단, 주택용 태양광발전설비인 경우는 가능합니다.

Q 21. 용량에 따른 연계계통 접속비는 어떻게 산출되나요?

A 21.

〈표준 시설부담금 산정표〉: 1 MW 미만

구 분		공중공급
저 압	1계약에 대하여 계약전력 5 kW까지(기본금)	220,000원
	계약전력 5kW 초과분의 매 1 kW에 대하여	86,000원

[예] 99 kW인 경우(단, 기본거리 200 m 이내인 경우):
  (99−5) kW × 86,000원 + 220,000원 = 8,304,000원

Q 22. 생산된 전력을 송출하기 위해 선로를 깔 때 선로, 전주비용은 얼마나 드나요?

A 22. 용량에 따른 접속비용에 대해서는 위에서 소개해드렸으므로 여기에 첨가 및 신설거리의 비용을 추가하면 됩니다. 편의상 100 kW 미만의 시설부담금표를 기준으로 설명하겠습니다.

〈거리시설부담금〉: 1 MW 미만

구 분			공중공급	
			단상	3상
신설거리	1기본거리(200 m)를 초과하는 신설거리 매 1 m에 대하여	저압	39,000원	43,000원
첨가거리	1기본거리(200 m)를 초과하는 첨가거리 매 1 m에 대하여	저압	5,000원	
		고압/특고압	10,000원	

〈주 1〉 공중지역 첨가거리: 3상으로 공급하기 위해 기존 단상선로에 전선을 첨가한 공사구간 실거리.
〈주 2〉 공중지역 신설거리: 수급지점으로부터 측정기점까지의 지표상의 직선거리
〈주 3〉 기본거리를 초과하는 경우 신설거리 부담금 및 첨가거리 시설부담금을 합하여 산정.

인근 200 m 이내에 3상 전주(변압기와 접속 및 차단기 부착)가 위치해 있는 경우에는 새로 선로를 깔 필요가 없으나 그렇지 못한 경우 [예] 500 m 거리 선로일 때

(1) 기존 단상선로용 전주가 발전소부지 인근까지 위치한 경우: 인근 3상 전주의 연계점과 떨어진 거리가 500미터이므로 500 m − 200 m = 300 m에 대한 고압(22.9 kV)이 포함되므로 첨가거리부담금은 1 m당 10,000원, 따라서 300 m × 10,000원/m = 3,000,000원을 추가 부담하면 됩니다.

(2) 단상용 전주가 인근에 위치하지 않아 3상용 전주를 신설할 경우: 1 m 신설거리 요금이 43,000원이므로 (500 − 200)m × 43,000원/m = 12,900,000원입니다.

Q 23. 발전소 폐소 후 토지는 무슨 지목이 되나요?

A 23. 임야, 전, 답, 목장용지 등이 잡종지로 변경됩니다.

Q 24. 태양광 사업에 적합한 부지로 어떤 곳이 가장 좋은가요?

A 24. − 연결되는 폭 3 m 이상의 진입도로와 연결된 부지. 단, 2차선 이상의 지방도, 국도, 고속도로와 인접해 있지 않은 부지(그 제한거리는 각 지자체의 조례에 따라 차이가 있음)

− 용도구분이 계획관리, 생산관리, 보전관리 지역인 토지

− 남향인 부지

− 산이나 건물, 숲 등 장애물에 의해 그늘이 발생하지 않는 부지

− 적설, 강우, 먼지 등의 영향을 덜 받는 용지

− 가능하면 효용성이 좋은 부지(직사각형, 정사각형에 가까운 토지)

Q 25. 100 kW 태양광발전을 하기 위해 필요한 부지면적은 얼마쯤 되어야 하나요?

A 25. 일반적으로 넉넉히 잡을 때 kW당 5평(16.53 m²) 정도로 잡는다고 하지만 토지의 모양, 사용하는 모듈에 따라 다릅니다.
- 모듈 330~355 W인 경우: 4.8~4.2평(15.9 m²~13.9 m²) ∓ 20%
- 360 W인 경우: 4.3평(14.22 m²) ± 20%
- 400 W인 경우: 4.0평(13.22 m²) ± 20%

Q 26. 태양광발전 허가 시 부지(토지)에 꼭 진입로가 있어야 하나요?

A 26. 필히 있어야 됩니다. 폭 3 m 이상의 시멘트로 포장이 된 농로 또는 현용도로(농업용으로 기존 사용도로)이면 됩니다(단, 타인의 토지에 점유 시 사용허가서 필요).

Q 27. 저수지 둑에 태양광발전소 설치가 가능한가요?

A 27. 저수지 제방 밖에서는 가능하지만(이 경우도 지자체에 따라 심의대상일 수도 있음) 둑(제방)에서의 설치는 허가가 되지 않습니다.

Q 28. 맹지에 포장된 농로가 있을 때 농로에 접해있는 땅의 태양광발전소설치가 가능한가요?

A 28. 맹지란 타인의 토지로 둘러싸인 땅으로 도로가 없으므로 건축이나 태양광발전소를 설치할 수가 없습니다. 다만, 토지가 태양광발전소의 허가를 받을 수 있는 용도지역이고, 토지에 거구(수로, 개울, 도랑 등)가 인접해 있는 경우에 국가소유지라면 허가를 얻어 다리를 놓거나 타인의 인접토지에 농민들이 통행하기 위한 농업용 현황도로가 나 있다면 토지주의 승낙서를 받아서 해결할 수도 있

습니다.

Q 29. 개인사업자도 저수지나 수상에 태양광발전소 건립이 허용되나요?

A 29. 가능합니다. 단, 저수지나 해수면은 개인소유가 아니므로 소유기관과의 임대차 계약이 이루어진 뒤에야 허가신청을 할 수 있습니다.

Q 30. 하루 평균 몇 시간의 태양이 비쳐야 효율성이 있나요?

A 30. 얼마라고 단정을 짓기는 어렵지만 하루 평균 일조시간이 3.2 이상은 되어야 수익성에 심한 손실을 주지는 않을 듯합니다. 이때도 평균 3.5시간에 비해 0.3시간이 작으므로 $(0.3/3.5) \times 100 ≒ 8.6\%$ 의 계산에 의해 연 200만 원 이상의 수입이 감소합니다.

Q 31. 지역별로 일조량을 분석해주는 공인기관이 있나요?

A 31. 국립기상과학원의 통계자료로 알아보는 방법이 있습니다.

Q 32. 날씨가 흐리거나 비가 오면 태양광발전량이 전혀 안 나오나요?

A 32. 날씨가 흐리다고 해서 태양광발전이 안 되는 것은 아닙니다. 직류를 교류로 변환해주는 인버터가 동작되는 최소한의 전압을 만족시키면 전력은 생산되지만 모듈에 입사되는 광량이 정상보다 못하므로 발전량은 감소합니다.

Q 33. 농촌에 태양광을 설치하고자 할 때 마을에서 반대하므로 시골골짝에 설치하려고 하는데 수익성이 있을까요?

A 33. 시골골짝이라면 3상 선로가 가까이에 위치할 수 없는 지역으로

볼 수 있으며, 기존 설치된 단상 또는 3상 선로까지의 거리가 얼마나 떨어져 있느냐에 따라서 적게는 1,000만 원에서 수천만 원까지의 추가비용이 들어가므로 경제성이 없게 됩니다. 단, 발전소부지 면적이 수만 m² 이상으로 발전규모가 크다면 소규모에 비해서 연계비용이 몇 십분의 1 이상으로 줄어들므로 큰 부담이라고 보지 않습니다.

Q 34. 몇 kW 이상의 사업을 해야 사업자등록을 할 수 있나요?
A 34. 특별히 제한은 없으며 아주 소규모의 발전량(수 kW)인 경우에는 사업성이 별로 없으므로 잘 고려해야 됩니다.

Q 35. 개인이 발전사업을 할 수 있나요? 가능하다면 어디에서 허가를 받아야 하나요?
A 35. 가능합니다. 3,000 kW 이하는 지자체(군청, 시청), 3,000 kW 이상은 산자부장관으로부터 허가를 받아야 합니다.

Q 36. 모듈청소는 어떤 방법으로 하나요?
A 36. −전문 용역업체에 맡기는 방법
  − 필요 시에만 본인 또는 용역인이 청소(물, 압축공기 호스. 단, 무공해 세척제 사용)
  − 자연 세척
    ＊ 단, 패널의 눈, 먼지 등에 의한 발전량 효율감소가 전체용량에 미미한 영향일 때

Q 37. 태양의 위치에 따라 방향이 바뀌는 해바라기 모듈이 있나요?
A 37. 아직 그런 제품(솔라 모듈)은 개발되어 있지 않지만 모듈 지지대가 태양을 쫓아가는 추적식 기계장치(태양 추적기: solar tracker)는 상용화가 되어 있습니다.

Q 38. 기존건물에 설치하면 1.5배 전기요금을 받을 수 있다고 하는데 창고, 주택, 축사 이외에 가능한 경우가 또 있나요?
A 38. 버섯 재배사, 계사, 지붕이 있는 주차장도 가능합니다.

Q 39. 태양광 모듈 20 W와 40 W의 크기는 다른가요?
A 39. 모듈은 단위 칩(chip)이 여러 개 모여서 만들어지므로 당연히 W가 큰 쪽이 커집니다. 그렇다고 와테이지(W)가 정확히 면적에 비례한다고는 볼 수 없으며 각 제조사의 설계기술 차이에 따라 다를 수가 있습니다.

Q 40. 건물 벽면이나 유리창에 부착시킬 수 있는 모듈도 있나요?
A 40. 건물용은 나와 있으나 유리창용은 햇빛을 가리기 때문에 현실적으로 100% 태양광 투과 모듈의 개발은 어렵다고 판단됩니다.

Q 41. 모듈의 선택 시 중국산, 국산, 외국산 가운데 어느 제품이 좋을까요?
A 41. 품질의 관점에서 본다면 오래 전부터 생산해 온 선진국 제품이 낫겠지만 국내산도 이미 충분한 품질수준에 도달해 있으므로 대부분 국내산을 선택을 하고 있습니다. 중국산도 신·재생에너지센터에서 인증된 제품인 경우 부품 값 절약이 우선이라면 사용해도 무방합니다.

Q 42. 교육공무원인데 태양광발전사업을 할 수 있나요?

A 42. 교육공무원이나 태양광발전관련 공무원, 특히 한전직원은 태양광발전사업을 금지시키고 있습니다. 단, 사립학교 교직원은 가능합니다.

Q 43. 태양광발전사업에서 절세대상이 되는 것은 무엇인가요?

A 43. 상속세를 제외하고는 특별히 절세대상이 없습니다. 단, 상속세는 면제임.

Q 44. 버섯 재배사는 꼭 1년이 지나야 허가가 나오나요?

A 44. 버섯 재배사는 기존 버섯 재배사가 아닌 신축건물인 경우에는 건축 준공 승인 후 1년이 지나서 전기발전허가가 나옵니다.

Q 45. 주택에 딸린 대지에 지붕이 있는 주차장이 있는데 그곳에 태양광발전소 설치가 가능한가요?

A 45. 물론 가능합니다. 단, 지붕이 태양광설치물의 하중을 충분히 지탱할 수 있어야 합니다. 이 경우에도 REC 가중치 1.5를 받으므로 이점이 있습니다.

Q 46. 앞으로 농촌에서의 농민이 태양광발전사업을 하면 여러 혜택이 있다는데 어떤 내용인가요?

A 46. 주요 내용만 간추려 설명하면 아래와 같습니다.
- 1 MW 이상의 발전사업에 농민 5인 이상이 참여하면 REC 가중치를 0.1%~0.2% 가산해 준다.
- 장기(20년) 고정가격(SMP + REC) 전력판매를 우선지원해 준다.

- 100 kW 미만의 농촌 태양광사업자에게 개별 접속설비 공사비를 27% 인하해 준다.
- 농민의 태양광 소요자금에 대해서 신·재생 금융 융자를 5년 거치 10년 균등상환, 이율 1.75%(변동금리)로 해 준다.

Q 47. 미니 태양광발전이란 어떤 것입니까?

A 47. 미니 태양광발전이란 수백 W의 발전량을 내는 초소형 발전설비를 말하며 개인주택이나 아파트의 베란다 같은 장소에 설치하여 생산된 전력을 벽의 콘센트에 꽂아 TV, 소형 냉장고나 가전제품용으로 사용하고, 계량기에서 그 전력을 뺀 만큼 제외한 전기료를 내게 되는 방식으로 각 지자체에서 최대 60~70만 원의 보조를 해주고 있습니다.

Q 48. ESS설비의 용량을 발전량보다 높게 정하는 이유가 무엇입니까?

A 48. 축전지(충전지)의 전류용량은 반복되는 충·방전 현상으로 인한 손실에 의해 평균 직류전압이 안정화되기가 어려우므로 사용용량보다 2~3배 높은 전류용량일 때 그 영향을 완화시킬 뿐만 아니라 축전지의 수명도 길어집니다. 따라서 100 kW 태양광발전설비와 연계 시 보통 2,700~3,000 kW의 ESS장치를 사용하고 있습니다.

Q 49. 정권이 바뀌면 에너지정책이 바뀌어서 사업자가 타격을 받는 일은 없을까요?

A 49. 설사 정권이 바뀌어도 세계 대다수의 국가들이 신·재생에너지 정책을 적극적으로 펴가고 있는 현황에서 선진국에 가까이 접근해 가고 있는 우리나라 또한 이러한 정책에 동참할 수밖에 없으므로

정권이 바뀌어도 크게 영향을 받지는 않을 것으로 봅니다.

Q 50. 태양광 PF 대출에 대해서 알고 싶습니다.

A 50. PF(Project Financing)는 신용 및 담보와 관계없이 프로젝트의 사업성을 평가하여 이루어지는 대출이며 법인 발전사업자로 1 MW 이상이어야 대출이 가능하며 시공사업자(EPC)와 운영관리회사의 선정이 필요합니다. 1 MW인 경우 13~15억의 대출이 가능하며 이율은 은행대출보다 다소 높습니다(연 이율 4~6%).

Q 51. 외국도 태양광발전사업에 대한 지원이 되고 있나요?

A 51. 예. 대부분 국가정책상 지원이 이루어지고 있습니다. 예컨대 100 kW 발전인 경우 kW당 한국이 200원 정도일 때 일본, 미국, 영국, 독일, 프랑스, 중국 등은 160원~240원대로 지원되고 있다고 합니다.

Q 52. 20년 장기고정계약을 하면 계약 시 가격 그대로 20년간 유지되나요?

A 52. 꼭 그렇지 않습니다. 고정계약에는 2가지 방식이 있습니다. 첫 번째는 SMP + 1REC 방식으로 SMP가격이 변동하면 1REC는 REC × 1이므로 SMP + (REC × 1)의 가격에 가중치를 곱합니다. 예컨대 계약가격이 kW당 200원이라면 SMP가격이 90(①), 100(②), 110(③)일 때 합산가격은 ① 90 + (200 − 90) × 1.2 = 222원 ② 100 + (200 − 100) × 1.2 = 220원 ③ 110 + (200 − 110) × 1.2 = 218원으로 SMP가 내려갈 때 유리한 방식입니다(200원 → 222원).

* 가중치는 일반토지인 경우를 적용.

두 번째는 SMP + (REC × 1.2)로 말 그대로 고정되는 방식입니다.

예컨대 220원으로 계약한다면 SMP가격이 90(①), 100(②), 110(③)일 때 ① 90 + (220 − 90) = 220원 ② 100 + (220 − 100) = 220원 ③ 110 + (220 − 110) = 220원으로 SMP가격에 무관하게 항상 220원이 됩니다. 따라서 계약 시 장래에 SMP가 내려간다고 예상한다면 첫째 방식을, 안전하게 일정한 가격을 원한다면 둘째 방식을 선택하면 될 것입니다.

Q 53. 최근(2018.5.30) 정부가 발표한 산지 및 농지에 대한 태양광시설 설치에 관한 제한의 내용은 어떠한 것인가요?

A 53. 내용의 중점사항은 환경훼손 및 태양광시설 설치 후 부지가 잡종지로 변경되어 토지지가의 상승으로 부동산 투기를 조장함을 방지하기 위한 대책으로 요약하면 아래와 같습니다.

- 산지(임야)에 태양광발전시설을 설치하여 종료 후(20년 경과 후) 토지를 원상으로 복구해야 한다.
- 대체산림자원 조성비로 m^2당 5,820원을 부과한다.
- 지목변경을 않고 임시사용허가를 내준다.
- 농지에도 상기의 임시사용허가 제도를 같이 적용한다.

Q 54. 최근(2018.6.26) 정부(산업통상자원부)에서 고시한 '신·재생에너지 운영지침' 개정의 주요한 내용은 무엇인가요?

A 54. − 한국형 발전차액 지원제도(FIT)의 도입: FIT가격은 전년도 2개 반기의 장기고정가격입찰 100 kW 낙찰가 중 가장 높은 값으로 정하고, 그 대상은

　　① 30 kW 미만의 태양광발전사업

　　② 100 kW 미만의 농·어업 및 축산인의 태양광발전사업

③ 상기 ②의 구성원을 조합원으로 하는 100 kW 미만의 태양광발전 추진사업

④ 상기 ①~③의 요건을 충족하는 태양광설비에 ESS설비를 연계하여 설치하는 경우

- 주민이 참여하는 태양광발전사업의 요건 완화: 주민이 참여하는 REC 가중치를 추가하는 태양광발전의 기준용량을 현행 1 MW 이상의 태양광발전소에서 500 KW 이상으로 요건 완화
- 주차장 REC 우대 가중치 범위 확대: 현행 설비용량의 50% 적용에서 100% 적용으로 변경
- 임야(산지)의 가중치를 0.7~1.2에서 0.7로 변경하되 3개월의 유예기간을 둔다. 따라서 발전허가를 2018년 9월 26일까지 취득한 경우는 이전 값을 그대로 적용한다.
- ESS연계 태양광발전의 REC 가중치는 2019년 말까지 그대로 유지하며 2020년부터는 4.0으로 변경한다.

부록

> **부록 1** 　태양광발전시설 허가 기준
> － 개발행위운영규칙(조례)

전남

▶ 광양시

제10조(발전시설 허가기준) ① 발전시설은 다음 각 호의 기준에 모두 적합하여야 한다.
　1. 10호 이상 집단취락지역 경계주택과 주요관광지(유원지, 공원 등) 및 공공시설의 경계로부터 100미터 이내에 입지하지 아니할 것.
　2. 「도로법」상 도로의 경계로부터 100미터 이내에 입지하지 아니할 것
　3. 집단화된 농지 내에 입지하지 아니할 것(단, 가장자리는 현지여건을 고려하여 광양시 도시계획위원회에서 심의하여 허가할 수 있음.)
　4. 주요도로의 가시권 내에 입지하여 주위경관을 저해하고 주변 환경과 어울리지 않을 경우 광양시 도시계획위원회에서 심의하여 허가할 수 있음
② 발전시설부지와 경계에는 울타리(휀스, 차폐식재 등)를 설치하여 주변경관과 조화를 이루도록 해야 한다.
③ 허가권자는 기존 개발허가지(주차장, 건축물의 지붕 등)에 발전시설을 설치할 경우에 필요하다고 인정되는 경우 광양시 도시계획위원회에서 심의를 거쳐 허가여부를 결정할 수 있다.

▶ 나주시

제4조(발전시설 허가기준) ① 발전시설은 다음 각 호의 기준에 모두 적합하여야 한다.
　1. 도로에서 100미터 이내에 입지하지 아니할 것
　2. 주거 밀집지역과 가장 가까운 거리에 있는 주택에서 시설경계부지까지 직선거리 100미터 이내에 입지하지 않아야 하고, 10호 미만의 주거지역의 경우 50

미터 이내에 입지하지 아니할 것
3. 집단화된 농지(경지정리가 완료된 농지)에 입지하지 아니할 것
4. 「신에너지 및 재생에너지 이용·보급촉진법」 제2조에 따른 바이오에너지설비로서 전기를 생산·판매할 수 있는 시설은 주거지역의 가장 가까운 거리에 있는 주택에서 시설부지 경계선까지 직선거리 500미터 이내에 입지하지 아니할 것

② 발전시설부지는 인접도로와 이격거리 2미터 이상 유지하고, 경계에는 높이 2미터 이상의 경계울타리와 주변경관과 조화될 수 있는 높이 2미터 이상의 죽목 등을 식재하여 녹화하여야 한다. 다만, 발전시설이 상호 겹치는 경우에는 인접토지와 이격거리는 예외로 할 수 있다.

③ 시장은 제1항에도 불구하고 우수한 디자인설계 또는 경관보호대책 등 선진적 시공형태의 경우에는 도시계획위원회의 심의를 거쳐 허가할 수 있다.

➡ 순천시

제14조(발전시설 허가기준) ① 발전시설은 다음 각 호의 기준에 모두 적합하여야 한다.
1. 도로에서 100미터 이내에 입지하지 아니할 것
2. 가장 가까운 인가를 기준으로 다음 각 목에서 정하는 직선거리 안에 입지하지 아니할 것
   가. 10호 이상 인가가 밀집된 지역으로부터 직선거리 300미터 이내
   나. 10호 미만 인가의 경우 100미터 이내

② 풍력 발전시설은 각 호의 기준에 모두 적합하여야 한다.

③ 국가 또는 지방자치단체 및 공공기관 등이 공익상의 필요에 따라 설치하는 경우, 자가소비용 목적으로 설치하는 경우, 노외주차장 등에 설치하는 경우에는 제1항 및 제2항의 기준을 적용하지 아니한다.

④ 발전시설은 부지의 경계로부터 2미터 이상 이격하여 완충공간을 확보하여야 하며 필요하다고 인정되는 경우 주변경관과 조화될 수 있도록 차폐식수 및 차폐막을 하도록 권고한다.

⑤ 제1항 및 제2항에도 불구하고 시장은 지역여건이나 사업특성상 특별한 사유가 있다고 인정하는 경우 순천시 도시계획(개발분과)위원회의 심의를 거쳐 이를 완화할 수 있다.

● 여수시

제4조(발전시설 허가기준) ① 「신에너지 및 재생에너지 이용·보급촉진법」 제2조 제4호의 태양에너지 설비설치를 위한 개발허가의 요건은 다음 각 호와 같다.
1. 주거 밀집지역 부지경계에서 직선거리 300 m 이내에 입지하지 않아야 한다. 다만, 해당주민 전체동의를 받은 경우에는 예외로 할 수 있다.
2. 도로 및 철도부지경계에서 직선거리 100 m 이내에 입지하지 않아야 한다.
3. 문화재 및 공공기관 부지경계에서 300 m 이내에 입지하지 않아야 한다.
② 국가 또는 지방자치단체 및 공공기관 등이 공익상의 필요에 따라 설치하는 경우, 자가소비용 목적으로 설치하는 경우, 노외주차장 등에 설치하는 경우는 제1항의 기준을 적용하지 아니한다.
③ 발전시설부지는 인접토지와 이격거리 2 m 이상 유지하고, 경계에는 1.5 m 이상의 울타리 설치 및 주변경관과 조화되는 차폐수 설치를 해야 한다.

● 강진군

제5조(발전시설 허가기준) ① 발전시설은 다음 각 호의 기준에 모두 적합하여야 한다.
1. 도로에서 100미터 이내에 입지하지 아니할 것
2. 주거 밀집지역으로부터 직선거리 100 m 안에 설치하지 않아야 하며, 10호 미만인 지역인 경우에는 50 m 안에 설치하지 아니할 것. 다만 국가 또는 자치단체 및 공공기관의 공익상의 필요에 의해 설치하는 경우나 자가용 및 건축물 위에 설치하는 경우에는 제외된다.
3. 집단화된 농지에는 입지하지 아니한다.
4. 군수는 발전시설부지의 경계에는 1.5 m 이상의 경계울타리를 설치해야 하며, 울타리는 주변경관과 조화되도록 하며, 차폐수 및 차폐막 설치를 권고할 수 있다.

● 담양군

제5조(발전시설 허가기준) ① 발전시설은 다음 각 호의 기준에 모두 적합하여야 한다.

1. 주요도로에서 100미터 안에 입지하지 아니한다.
2. 10호 이상의 취락지역, 주요관광지, 공공시설부지경계로부터 500m 안에 입지하지 아니할 것
3. 집단화된 토지의 중앙부에 입지하지 아니할 것
4. 건물의 지붕이나 옥상에 설치하는 공작물인 경우 도시미관과 건축물의 안정 등을 고려하여 지붕과 공간 간 이격이 되지 않도록 부(밀)착 형으로 설치할 것(공작물 설치 시 수평투영 면적이 지붕면적을 넘지 아니할 것)
② 발전시설부지의 경계에는 울타리(휀스, 차폐목 등)를 설치하여 주변경관과 조화를 이루도록 하여야 한다.

● 영광군

제6조(발전시설 허가기준) ① 발전시설은 다음 각 호의 기준에 모두 적합하여야 한다.
1. 주요도로에서 100미터 안에 입지하지 아니할 것
2. 10호 이상 주거 밀집지역, 관광지, 공공시설부지 경계로부터 500 m 안에 입지하지 아니할 것
3. 집단화된 토지 중앙부근에 입지하지 아니할 것
② 발전시설부지에는 3 m 이상의 울타리를 설치하며, 울타리는 주변경관과 조화되도록 죽목(竹木)으로 설치해야 한다.

● 영암군

제7조(발전시설 허가기준) ① 발전시설은 다음 각 호의 기준에 모두 적합하여야 한다.
1. 주요도로에서 100미터 이내에 입지하지 아니할 것
2. 10호 이상 주거 밀집지역(각 호별 거리가 50 m 이내에 위치하여야 한다.)으로부터 500 m 이내에 입지하지 아니할 것
3. 10호 미만 거주할 경우 직선거리 100 m 이내에 입지하지 아니할 것
4. 경지정리가 완료된 우량농지 또는 집단화된 토지에 입지하지 아니할 것
5. 농업기반시설인 저수지 등 이와 유사한 농업생산부지내에 입지하지 아니할 것

6. 「관광 진흥법」에 따른 관광지, 유원지부지경계로부터 500 m 이내에 입지하지 아니할 것

② 발전시설부지는 인접토지와 이격거리 2 m 이상 유지(다만, 발전시설이 상호 접하는 경우에는 인접토지와 이격거리는 예외로 할 수 있다.)하고, 경계에는 1.5 m 이상의 경계울타리를 주변경관과 조화되도록 설치해야 하며, 차폐수 설치를 권고할 수 있다.

③ 국가 또는 지방자치단체, 공공기관 등이 공익상 필요에 따라 설치하는 경우나 건축물 지붕에 설치하는 경우, 자가소비용으로 설치하는 경우에는 제1항과 제2항을 적용하지 아니한다.

● 완도군

제7조(발전시설 허가기준) ① 발전시설은 다음 각 호의 기준에 모두 적합하여야 한다.
1. 도로에서 500미터 이내에 입지하지 아니할 것
2. 주거 밀집지역으로부터 직선거리 500 m 안에 입지하지 않아야 하며, 5호 미만인 지격인 경우 100 m 안에 입지하지 아니할 것
3. 집단화된 농지 중앙부근에 입지하지 아니할 것
4. 국가 또는 지방자치단체, 공공기관 등이 공익상 필요에 따라 설치하는 경우나 자가소비용 및 건축물 위에 설치하는 경우 군수가 필요하다고 인정하는 곳은 제외한다.

● 장성군

제5조(발전시설 허가기준) ① 발전시설은 다음 각 호의 기준에 모두 적합하여야 한다.
1. 도로, 주거 밀집지역, 관광지부지에서 사업부지가 가시권(인공적 시설이나 수목으로 차폐된 경우는 가시권으로 본다.)인 경우는 직선거리 500m 안에 입지하지 않아야 하며, 사업부지가 가시권이 아닌 경우에는 직선거리 200m 안에 입지하지 않아야할 것(단, 10호 이상의 주거지역의 경우는 사업부지가 직선거리 100m 안에 입지하지 아니할 것)
2, 3, 4. 삭제

5. 경지정리지구 등 집단화된 토지의 중앙부근에 입지하지 아니할 것
② 제1항에도 불구하고 다음 각 호에 해당하는 경우에는 제1항의 기준을 적용하지 아니한다.
1. 국가, 지방자치단체 및 공공기관이 설치하는 경우
2. 자가소비용 및 건축물 위에 설치하는 경우
3. 도로(「도로법」제10조에 규정된 도로) 법면, 저수지 내, 장성호(댐) 내, 공동 노외 주차장에 설치하는 경우
③ 발전시설부지의 경계에는 높이 2 m 이상의 경계울타리를 설치하여야 하며, 울타리는 주변경관과 조화되도록 하고, 차폐수 및 차폐막 설치를 권고할 수 있다.

● 함평군

제7조(발전시설 허가기준) ① 발전시설은 다음 각 호의 기준에 모두 적합하여야 한다.
1. 주요도로에서 500미터 이내에 입지하지 아니할 것
2. 10호 이상 주거 밀집지역관광지, 공공시설 부지 경계로부터 300미터 이내에 입지하지 아니할 것
3. 집단화된 토지의 중앙부근과 우량농지에 입지하지 아니할 것
② 발전시설부지는 인접하는 토지와 이격거리를 2미터 이상 유지하고, 경계에는 2미터 이상의 울타리를 설치해야 하며 주변경관과 조화되도록 죽목(竹木)으로 설치할 수 있다.
③ 건축물이 설치하는 발전시설은 주택, 제1종 근린생활시설, 제2종 근린생활시설, 농업용 창고, 축사(함평군가축사육조례에서 규정한 가축에 한한다.) 건축물을 신축하는 경우에 한하여 제1항의 규정에 불구하고 발전시설을 허가할 수 있다. 다만, 공공시설의 부지나 건축물에 설치되는 발전시설은 제7조의 규정을 적용하지 않고 허가할 수 있다.
④ 제1항 제1조가 제2호의 규정에도 불구하고 주변 환경(가시권 등)을 감안하여 제한거리를 30퍼센트 경감할 수 있다.

해남군

제6조(발전시설 허가기준) ① 군 계획조례 제19조의 3(발전시설에 대한 허가의 기준) 이외의 기준은 다음 각 호의 기준에 모두 적합하여야 된다.
 1. 삭제
 2. 삭제
 3. 집단화된 농지 및 생산 중인 염전의 중앙부근에 입지하지 아니할 것
 4. 생산 중인 염전에 입지하지 아니할 것
② 발전시설 부지의 경계에는 2 m 이상의 경계울타리를 설치해야 하며, 울타리는 주변경관과 조화되도록 하고 차폐수 및 차폐막 설치를 권고할 수 있다.

화순군

제5조(발전시설 허가기준) ① 발전시설은 다음 각 호의 기준에 모두 적합하여야 한다. 다만, 조성 완료된 건축물 부설 주차장 또는 건물의 지붕이나 옥상에 설치하는 공작물의 경우 제1호 및 제2호를 적용하지 아니한다.
 1. 주요도로(국도, 지방도, 군도)에서 500 m 안에 입지하지 아니할 것(단, 주요도로에서 500 m 이내라도 가시권 밖으로 300 m 이상에 위치한 곳으로 주변 환경에 영향을 미치지 아니할 경우 허가할 수 있다.)
 2. 10호 이상 취락지역으로부터 직선거리 500 m 안에 입지하지 아니하고, 10호 미만의 취락지역의 경우 250 m 안에 입지하지 아니할 것(단, 10호 이상 취락지역으로부터 500 m 이내라도 가시권 밖으로 300 m 이상에 위치한 곳으로서 주변 환경에 영향을 미치지 아니할 경우 허가할 수 있다.)
 3. 경지정리지구 등 집단화된 토지의 중앙부에 입지하지 아니할 것
② 제1항에도 불구하고 국가, 지방자치단체 및 공공기관이 공익상 설치하는 경우와 군수가 필요하다고 인정되는 경우 허가할 수 있다.
③ 발전시설 경계에는 2 m 이상의 경계울타리를 설치해야 하며, 울타리는 주변경관과 조화되도록 하고 차폐수 및 차폐막을 설치해야 한다.
④ 건물의 지붕이나 옥상에 설치하는 공작물일 경우 건축물의 안전 등을 고려하여 구조안전 검토서를 제출하여야 한다.

전북

🔶 김제시

제5조(태양광발전시설 허가기준) 태양광발전시설은 다음 각 호 전부에 해당하여야 한다.
  1. 도로 경계선에서 100 m 안에 입지하지 아니할 것
  2. 주거지 경계선에서 100 m 안에 입지하지 아니할 것(단, 주거지에 거주하는 세대주 전체 동의 시 허용)
  3. 공공시설 및 문화재 경계선에서 200 m 안에 입지하지 아니할 것(단, 유아교육법 제2조 제3호, 영유아교육법 제3호는 제외)
  4. 농업생산기반이 정비되어있는 우량농지로 보전할 필요가 있는 집단화된 농지에 입지하지 아니할 것(단, 경지정리구역 중 공익사업 또는 타 행위 등으로 구역정리 형상이 훼손, 단절된 자투리농지는 도시계획위원회의 심의 의결을 거쳐 완화)

🔶 남원시

제4조(발전시설 허가기준) ① 발전시설은 다음 각 호의 기준 이내에 입지하지 아니하여야 한다.
  1. 도로로부터 사업부지까지 직선거리 100미터
  2. 주거 밀접지역 경계로부터 직선거리 100미터(다만, 주민등록을 기준으로 세대주의 80퍼센트 이상이 동의하는 경우에는 발전시설을 허용할 수 있음.)
  3. 농업생산기반이 정비(경지정리)된 우량농지
② 제1항에도 불구하고 다음 각 호의 어느 하나에 해당되는 경우에는 일조, 통풍, 조망 등 주변 토지이용과 건축물의 안전을 고려하여 허가할 수 있다.
  1. 국가 또는 지방자치단체 및 공공기관의 공익상 필요로 설치하는 경우
  2. 자가소비용 목적 및 건축물 위에 설치하는 경우

🔶 익산시

제5조(태양광발전시설 허가기준) 태양광발전시설은 다음 각 호의 기준에 모두 적합

해야 한다.
1. 도로에서 100미터 이내에 입지하지 아니할 것
2. 10호 이상 주거지 및 공공시설 경계로부터 200미터 이내에 입지하지 아니할 것
3. 10호 미만 주거지 경계로부터 100미터 이내에 입지하지 아니할 것
4. 문화재 경계로부터 500미터 이내에 입지하지 아니할 것
5. 농업생산기반이 정비되어있는 우량농지로 보전할 필요가 있는 집단화된 농지에 입지하지 아니할 것

● 정읍시

제4조(발전시설 허가기준) ① 발전시설은 다음 각 호의 기준 이내에 입지하지 아니하여야 한다.
1. 도로로부터 사업부지 경계까지 최단거리 100미터
2. 10호 이상 주거지 경계로부터 100미터. 다만 해당주거지에 주민등록을 기준으로 세대주의 80퍼센트 이상이 동의하는 경우에는 태양광발전시설을 허용할 수 있음.
3. 「관광 진흥법」에 따른 관광지, 정읍시 관광 진흥에 관련한 조례에 따른 주요 관광지 및 공공시설부지(학교, 병원, 공공청사, 연수시설), 문화재(국가ㆍ도 지방문화재, 전통사찰, 향토문화유산) 경계로부터 사업부지까지 최단거리 100미터
② 정읍시장은 제1항에도 불구하고 다음 각 호의 어느 하나에 해당하는 경우에는 주변토지이용과 건축물의 안전을 고려하여 허가할 수 있다.
1. 국가 또는 지방자치단체 및 공공기관의 공익상 필요로 설치하는 경우
2. 자가소비용 목적 및 건축물 위에 설치하는 경우

● 고창군

제10조(발전시설 허가기준) ① 발전시설은 다음 각 호의 기준 이내에 입지하지 아니하여야 한다.
1. 「도로법」에 의한 도로 중 "고속도로", "일반국도"에서 500미터, "지방국도"에서 300미터
2. 「농어촌도로 정비법」에 따른 농어촌 도로 중 "면도", "리도"에서 200미터

3. 공유수면으로부터 1,000미터
4. 자연취락지구 경계로부터 200미터
5. 주거 밀집지역으로부터 100미터
6. 농업생산기반이 정비되어있는 우량농지로 보전할 필요가 있는 집단화된 농지의 중앙부
7. 고창군 관광 진흥에 관한 조례에 따른 주요 관광지, 「관광 진흥법」에 따른 관광지 및 공공시설부지의 경계로부터 300미터
8. 유네스코 고창생물권 보전지역으로 등재된 핵심구역 및 핵심구역 경계로부터 500미터
9. 유네스코 세계자연유산으로 등재되었거나 등재 예정인 구역 및 구역 내 경계로부터 500미터
② 군수는 제1항에도 불구하고 제1항 제1호 및 제2호의 거리기준이 1/2을 제외한 지역으로 연변가시지역이 아닐 경우에는 군계획위원회의 심의를 받아 허가할 수 있다.
③ 군수는 제1항 제4호 및 제5호에도 불구하고 다음 각 호의 어느 하나에 해당하는 경우에는 일조, 통풍, 조망 등 주변 토지이용과 건축물의 안전을 고려하여 허가할 수 있다.
1. 국가 또는 지방자치단체 및 공공기관의 공익상 필요로 설치하는 경우
2. 자가소비용 및 기존 건축물 위에 설치하는 경우
3. 그 밖에 군수가 필요하다고 인정하는 경우
④ 발전시설부지의 경계에는 1.5미터 이상의 경계울타리를 설치해야 하며, 울타리는 차폐식재 및 차폐막 등으로 주변경관과 조화되도록 설치해야 한다.

● 부안군

제4조(발전시설 허가기준) ① 발전시설은 다음 각 호의 기준 이내 및 지역에 입하지 아니하여야 한다.
1. 도로로부터 사업부지 경계까지 최단거리 100미터(왕복 2차로 이상 포장도로 한정)
2. 10호 이상 주거지 경계로부터 100미터. (해당주민들이 100% 동의하는 경우에는 태양광발전시설을 허용할 수 있다.)
3. 「공유수면관리 및 매립에 관한 법률」에 따른 공유수면, 「관광 진흥법」에 따른

관광지, 문화재(국가·도 지정문화재, 전통사찰, 향토문화유산)로부터 사업부지 경계까지 최단거리 100미터
4. 중점경관관리구역 경계로부터 500미터
5. 경지정리지역 등 농업생산기반이 정비되어 있어 우량농지로 보전할 필요가 있는 집단화 농지
6. 학교 경계로부터 200미터(단, 폐교는 제외)
② 부안군수는 제1항 제4호 및 제5호에도 불구하고 다음 각 호의 어느 하나에 해당하는 경우에는 주변 토지이용과 건축물의 안전을 고려하여 허가할 수 있다.
1. 국가 또는 지방자치단체 및 공공기관의 공익상 필요로 설치하는 경우
2. 자가소비용 및 기존 건축물 위에 설치하는 경우
③ 발전시설부지의 경계에는 1.5미터 이상의 경계울타리를 설치해야 하며, 주변경관과 조화를 이루도록 차폐수목 식재 및 차폐막 설치를 권고할 수 있다.

순창군

제9조(발전시설 허가기준) ① 발전시설은 다음 각 호의 기준 이내에 입지하지 아니하여야 한다.
1. 도로로부터 1,000미터
2. 자연취락지구 및 주거 밀집지역 경계로부터 1,000미터
3. 농업생산기반이 정비되어있는 우량농지로 보전할 필요가 있는 집단화된 농지의 중앙부
② 군수는 제1항에도 불구하고 다음 각 호의 어느 하나에 해당하는 경우에는 일조, 통풍, 조망 등 주변 토지이용과 건축물의 안전을 고려하여 허가할 수 있다.
1. 국가 또는 지방자치단체 및 공공기관의 공익상 필요로 설치하는 경우
2. 자가소비용 목적 및 건축물 위에 설치하는 경우
3. 자연취락지구 및 주거 밀집지역인 경우 해당마을 주민등록상 세대주의 동의(70% 이상 찬성)를 얻은 경우
③ 발전시설부지의 경계에 1.5미터 이상의 경계울타리를 설치해야 하며, 주변경관과 조화를 이루도록 차폐수목 식재 및 차폐막 설치를 권고할 수 있다.

완주군

제4조(발전시설 허가기준) ① 발전시설은 다음 각 호의 어느 하나에 해당하는 부지에 입지하지 아니하여야 한다.
1. 도로로부터 사업부지 경계까지 최단거리 100미터 이내
2. 10호 이상 주거 밀집지역 및 자연취락지구 경계로부터 최단거리 100미터 이내, 다만, 해당 주거 밀집지역 또는 자연취락지구(이하 "해당마을"이라 한다.)의 주민들이 동의하는 경우에는 태양광 발전시설을 허용할 수 있다. 이 경우 해당마을 주민등록상 세대주의 80퍼센트 이상이 찬성하여야 한다.
3. 「관광 진흥법」에 따른 관광지, 관광특구 및 공공시설부지(학교, 병원, 공공청사, 연수시설), 문화재[역사 문화 환경 보존지역(문화재 영향성 검토구역) 내에 입지하는 완주군 지정 문화재 이상], 전통사찰로부터 사업부지 경계까지 최단거리 200미터 이내
4. 농업생산기반이 정비되어있는 우량농지
② 완주군수는 제1항에도 불구하고 다음 각 호의 어느 하나에 해당하는 경우에는 일조, 통풍, 조망 및 경관 등 주변토지이용과 건축물의 안전을 고려하여 허가할 수 있다.
1. 국가 또는 지방자치단체 및 공공기관의 공익상의 필요에 의해 설치하는 경우
2. 국가 또는 지방자치단체 및 공공기관의 사업비를 지원받아 설치하는 경우
3. 자가소비용 목적 및 건축물 위에 설치하는 경우
③ 발전시설부지의 경계에 1.5미터 이상의 경계울타리를 설치해야 하며, 주변 경관과 조화를 이루도록 차폐수목 식재 및 차폐막 설치를 권고할 수 있다.

임실군

제4조(발전시설 허가기준) ① 발전시설은 다음 각 호의 어느 하나에 해당하는 부지에 입지하지 아니하여야 한다.
1. 도로로부터 사업부지 경계까지 최단거리 100미터 이내
2. 5호 이상 주거지 경계로부터 최단거리 100미터. 다만, 해당 주민들이 동의하는 경우에는 태양광 발전시설을 허용할 수 있다. 이 경우 해당마을 주민등록상 세대주의 동의(70퍼센트 이상 찬성)를 얻은 경우를 말한다.
3. 「관광 진흥법」에 따른 관광지, 임실군 관광 진흥에 관련한 조례에 따른 주요

관광지 및 공공시설부지(학교, 병원, 공공청사, 연수시설), 문화재(임실군 지정 문화재 이상), 전통사찰로부터 사업부지 경계까지 최단거리 100미터

② 임실군수는 제1항에도 불구하고 다음 각 호의 어느 하나에 해당하는 경우에는 일조, 통풍, 조망 및 경관 등 주변토지이용과 건축물의 안전을 고려하여 허가할 수 있다.

1. 국가 또는 지방자치단체 및 공공기관의 공익상의 필요에 의해 설치하는 경우
2. 국가 또는 지방자치단체 및 공공기관의 사업비를 지원받아 설치하는 경우
3. 자가소비용 목적 및 건축물 위에 설치하는 경우

③ 발전시설부지의 경계에 1.2미터 이상의 경계울타리를 설치해야 하며, 주변 경관과 조화를 이루도록 차폐수목 식재 및 차폐막 설치를 권고할 수 있다.

④ 제1항 및 2항의 규정에도 불구하고 다음 각 호의 어느 하나에 해당하는 경우에는 개발행위를 허가할 수 있다.

1. 국가 또는 지방자치단체 및 공공기관의 공익상의 필요에 의해 설치하는 경우
2. 자가소비용 목적 및 건축물 위에 설치하는 경우

● 장수군

제6조(발전시설 허가기준) ① 장수군수(이하 "군수"라 한다)는 다음 각 호의 기준 이내에는 발전시설 허가를 할 수 없다.

1. 도로지적 경계로부터 사업부지 경계까지 최단거리 100미터(단, 비가시권의 경우는 제외한다)
2. 자연취락지구 및 주거밀집지역 경계로부터 최단거리 100미터. 다만, 해당마을 주민등록상 세대주의 70퍼센트 이상 찬성을 얻은 경우에는 발전시설을 허용할 수 있음.
3. 관광지, 자연휴양림, 유원지, 공원으로부터 사업부지경계까지 100미터

② 군수는 제1항에도 불구하고 다음 각 호의 어느 하나에 해당하는 경우에는 일조, 통풍, 조망 및 경관 등 주변 토지이용과 건축물의 안전을 고려하여 허가할 수 있다.

1. 국가 또는 지방자치단체 및 공공기관이 공익상의 필요에 의해 설치하는 경우
2. 자가소비용 목적 또는 건축물 위에 설치하는 경우

③ 경계울타리는 인접경계에서 1미터 이상 이격하여 설치하여야 하며, 주변경관과 조화를 이루도록 차폐수목 식재(수고 2미터 이상) 또는 차폐막 설치를 해

야 한다.
④ 하천, 소하천 구역을 벗어난 상류부 계곡부에 발전시설 부지 조성 시 배수계획은 하천 및 기본계획에 맞추어 배수시설을 설치해야 하며, 배수시설 위에는 공작물을 설치할 수 없다.
⑤ 발전시설 단지 내 배수 처리 계획 시 토공배수로 설치는 지양하고, 토사유실 방지를 위하여 곳곳에 침사지 등 예방시설을 설치하여야 한다.

진안군

제6조(태양광발전시설 허가기준) ① 태양광발전시설은 다음 각 호의 거리기준에 적합한 경우에 허가한다.
1. 「자연공원법」 제2조제5호에 따른 공원구역 또는 「관광진흥법」 제2조제7호에 따른 관광단지에서 직선거리 1,000미터 이상인 장소
2. 도로에서 직선거리 1,000미터 이상인 장소(다만, 태양광 발전시설이 도로에서 보이지 않는 경우 500미터로 완화할 수 있다.)
3. 농어촌도로에서 직선거리 200미터 이상인 장소
4. 10가구 이상의 주거지 및 공공시설 경계로부터 직선거리 500미터, 5가구 이상 10가구 미만의 주거지로부터 직선거리 300미터 이상인 장소
5. 농업생산기반이 정비되어 있는 우량농지로 보전할 필요가 있는 집단화된 농지 이외의 장소
② 다음 각 호의 어느 하나에 해당하는 경우는 제1항 각 호의 기준을 적용하지 않을 수 있다.
1. 국가 또는 지방자치단체 및 공공기관의 공익상의 필요에 따라 설치하는 경우
2. 자가소비용 목적으로 설치하는 경우
③ 사업 시행 전 해당 주거지 주민을 대상으로 설명회를 개최할 것
④ 제1항에도 불구하고 군수가 지역 여건이나 사업 특성상 특별한 사유가 있다고 인정하는 경우 「진안군 계획 조례」에 따른 군계획위원회의 심의를 거쳐 이를 완화하여 적용할 수 있다.

충남

● 계룡시

제10조(발전시설 허가 기준) ① 발전시설 입지는 다음 각 호의 기준에 적합하여야 한다.
 1. 도로 및 관광지로부터 200미터 안에 입지하지 아니할 것
 2. 10호 이상의 주거 밀집지역은 가장 가까운 가옥으로부터 직선거리 200 m 이상 이격되어야 하며, 10호 미만의 경우 가옥당 20 m 이상 이격하되 최소 50 m 이상 이격할 것
② 발전시설 설치는 다음 각 호의 기준에 적합하여야 한다.
 1. 발전시설 부지의 경계에는 주변경관과 조화되는 높이 3 m 이상의 경계 울타리와 차폐수목을 식재하여야 한다.
 2. 태양광모듈은 주변경관과의 이질감을 최소화하기 위하여 연속하여 100 m 이내로 설치하고, 최소 3m 이상의 이격공간을 확보하여 잔디 등 녹지공간으로 조성하되 경계부 차폐녹지와 연결되도록 하여야 한다.
③ 임야 등 경사지에 발전시설을 설치할 경우에는 발전시설의 설치로 인한 산사태 등 자연재해 발생 우려가 예상될 경우 도시계획위원회 심의를 거쳐 불허가 할 수 있다.
④ 제1항 및 2항의 규정에도 불구하고 다음 각 호의 어느 하나에 해당하는 경우에는 개발행위를 허가할 수 있다.
 1. 국가 또는 지방자치단체 및 공공기관이 공익상 필요에 따라 설치하는 경우
 2. 자가 소비용 목적으로 설치하거나 건축물 위에 설치하는 경우

● 논산시

제9조(발전시설 허가기준) ① 발전시설은 다음 각 호의 기준에 적합하여야 한다.
 1. 주거 밀집지역으로부터 직선거리 300 m 안에 입지하지 아니할 것. 다만, 국가 또는 지방단체 및 공공기관의 공익상 필요에 의해 설치하는 경우나 자가 소비용 목적으로 설치하는 경우는 제외한다.
 2. 「농지법」 제37조 제2항 제1호에 따라 전용하려는 농지가 농업생산기반이 정

비되어있어 우량농지로 보전할 필요가 있는 집단화된 농지의 중안부근에 입지하지 아니할 것
② 설치하는 공작물은 발전시설 부지의 경계로부터 3 m 이상 이격하여 완충공간을 확보하여야 한다. 다만, 발전시설 상호간 접하는 경계의 경우에 높이 1 m 이상 울타리(휀스 또는 수목 등)를 설치 시 완충공간을 확보하지 아니할 수 있다.
③ 제1항에도 불구하고 건축물 위에 발전시설을 하고자 하는 경우는 일조, 통풍, 조망 및 경관 등 주변토지이용에 지장이 없는 범위에서 개발행위를 허가할 수 있다.

● 당진시

제13조(발전시설 허가 기준) ① 발전시설은 다음 각 호의 기준에 적합하여야 한다.
1. 도로 및 관광지로부터 200미터 안에 입지하지 아니할 것
2. 주거 밀집지역으로부터(가장 가까운 주택 기준) 직선거리 500미터 안에 입지하지 아니하여야 하고, 10호 미만인 경우에는 가장 가까운 주택을 기준으로 일정한 간격(주택수당 50미터를 곱하여 산정한 거리 간격)이 떨어져야 함
3. 「농지법」 제37조 제2항 제1호에 따라 전용하려는 농지가 농업생산기반이 정비되어 우량 농지로 보전할 필요가 있는 집단화된 농지에 입지하지 아니할 것
② 제1항의 규정에도 불구하고 다음 각 호의 어느 하나에 해당하는 경우에는 개발행위를 허가할 수 있다.
1. 국가 또는 지방자치단체 및 공공기관이 공익상의 필요에 따라 설치하는 경우
2. 자가 소비용 목적으로 설치하거나 건축물 위에 설치하는 경우
3. 발전시설 부지 면적이 2,000제곱미터 이하로 일조, 통풍, 조망, 경관 등 주변 토지 이용과 건축물의 안전, 재해 예방 등을 고려하여 시장이 필요하다고 인정하는 곳에 설치하는 경우
③ 발전시설 부지의 경계로부터 3미터 이상 이격하여 완충 공간을 확보하여야 하고, 완충 공간에는 주변경관과 조화되도록 울타리 설치 또는 수목 식재 등을 하여야 한다. 다만, 발전시설 상호 간 접하는 경계의 경우 높이 1미터 이상 울타리를 설치하거나 수목을 식재할 시 완충 공간을 확보하지 아니할 수 있다.
〈본조신설 2016.05.13.〉

보령시

제8조(발전시설 허가기준) ① 발전시설은 다음 각 호의 기준에 적합하여야 한다.
 1. 주요도로로부터 200 m 안에 입지하지 아니할 것
 2. 10호 이상의 주거 밀집지역은 가장 가까운 가옥에서 직선거리 200 m 이상 이격, 10호 미만 가옥당 20 m 이상 이격하여야 하며 그 외의 지역에서는 가장 가까운 주택을 기준하여 50 m 안에 입지하지 아니할 것
 3. 「농지법」 제37조 제2항 제1호에 따라 전용하려는 농지가 농업생산기반이 정비되어있어 우량농지로 보전할 필요가 있는 집단화된 농지에 입지하지 아니할 것
 4. 생산 중인 염전, 양식장에 입지하지 아니할 것(폐 염전, 폐 양식장은 제외)
 5. 주요 관광지, 문화재, 유적지, 전통사찰, 서원 등 역사적, 문화적, 향토적 가치가 있어 보전의 필요가 있는 시설의 부지경계로부터 500 m 안에 입지하지 아니할 것
 6. 해안선에서 500 m 안에 입지하지 아니할 것
② 국가 또는 지방자치단체 및 공공기관의 공익상의 필요에 의해 설치하는 경우나 자가소비용 목적으로 설치하는 경우는 제1항 각 호의 기준을 적용하지 않을 수 있다.
③ 설치하는 공작물은 발전시설 부지의 경계로부터 3 m 이상 이격하여 완충공간을 확보하고, 높이 2 m 이상 울타리(휀스)를 설치하여야 하며 울타리는 주변경관과 조화가 되도록 하고 높이 2 m 이상의 차폐수 또는 차폐막을 권고할 수 있다.
④ 발전소시설부지는 지역의 특성 및 개발상황, 기반시설의 현황 등을 고려하여 다음 각 호의 기준을 적용할 수 있다.
1. 유보용도(계획관리지역, 생산관리지역, 자연녹지지역)에서는 지역발전추세와 도시경관 및 주변 환경 등을 고려하여 보령시 도시계획위원회(이하 "위원회"라 한다.)의 심의를 통한 개발행위 허가의 기준을 강화 또는 완화하여 적용할 수 있다.
2. 보존용도(농림지역, 보전관리지역, 자연환경보호지역, 생산녹지지역)에서는 위원회의 심의를 통한 도시경관 및 주변 환경보존을 위하여 개발행위 허가의 기준을 강화하여 적용할 수 있다.
⑤ 제1항에도 불구하고 시장이 지역여건이나 사업 특성상 사유가 있다고 인정하는 경우 위원회의 심의를 거쳐 이를 환화하여 적용할 수 있다.

서산시

제8조(발전시설 허가기준) ① 태양광발전시설은 다음 각 호의 거리기준에 적합하여야 한다.
  1. 도로 및 관광지로부터 200 m 안에 입지하지 아니할 것.
  2. 주거 밀집지역으로부터(가장 가까운 주택 기준) 직선거리 200 m 안에 입지하지 아니하여야 하며 10호 미만의 경우에는 가옥당 20 m 이격하여 최소 50 m 이상 이격할 것, 다만, 국가 또는 지방단체 및 공공기관의 공익상의 필요에 의해 설치하는 경우나 자가소비용 목적으로 설치하는 경우는 제외한다.
  3. 「농지법」 제37조 제2항 제1호에 따라 전용하려는 농지가 농업생산기반이 정비되어있어 우량농지로 보전할 필요가 있는 집단화된 농지에 입지하지 아니할 것
② 설치하는 공작물은 발전시설의 경계로부터 3m 이상 이격하여 완충공간을 확보하고, 높이 1.5 m 이상 울타리(휀스)를 설치해야 한다.
③ 진입도로 폭은 최소 4 m 이상 확보하여야 하며, 차량통행에 지장이 없도록 차량대피장소 설치 등 대책을 제시하여야 한다. 다만, 서산시 도시계획위원회(이하 "위원회"라 한다.)에서 불가피하다고 판단할 경우 진입도로 폭을 최소 3 m 이상으로 할 수 있다.
④ 발전시설부지는 지역의 특성 및 개발상황, 기반시설의 현장 등을 고려하여 다음 각 호의 기준을 적용할 수 있다.
  1. 유보용도(계획관리지역, 생산관리지역, 자연녹지지역)에서는 지역발전추세와 도시경관 및 주변 환경 등을 고려하여 위원회의 심의를 통한 개발행위 허가의 기준을 강화 또는 완화하여 적용할 수 있다.
  2. 보존용도(농림지역, 보전관리지역, 자연환경보호지역, 생산녹지지역)에서는 위원회의 심의를 통한 도시경관 및 주변 환경보존을 위하여 개발행위 허가의 기준을 강화하여 적용할 수 있다.
⑤ 발전시설부지는 자연환경보전법 제34조에 따른 생태, 자연도를 활용하여 다음 기준을 적용할 수 있다.
  1. 생태 1등급 권역은 생태가 우수하고 주요 식생의 유형을 대표하는 지역으로 자연환경보전을 우선으로 한다.
  2. 생태 2등급 권역은 1등급에 준하는 지역으로서 장래 보전가치가 필요한 지역으로 자연환경의 보전 및 개발이용에 따른 훼손을 최소화한다.

3. 생태 3등급 권역은 1등급 및 2등급 및 별도지역 외의 지역으로 체계적인 개발 및 이용의 대상이 되는 지역으로 한다.

➔ 천안시

제6조(태양광발전시설 허가기준) ① 태양광발전시설은 다음 각 호의 기준에 모두 적합하여야 한다.
1. 주거밀집지역으로부터 사업부지경계상의 최단 직선거리 300미터 안에 입지하지 아니하여야 하고, 5호 미만인 경우에는 최단 직선거리 100미터 안에 입지하지 아니할 것(세부적인 산정방법은 별표 1과 같다)
2. 주요도로, 의료시설, 학교, 관광지 및 관광단지, 문화재의 부지 경계로부터 사업부지경계상의 최단 직선거리 200미터 안에 입지하지 아니할 것(세부적인 산정방법은 별표 1과 같다)
3. 산지의 경우 평균 경사도는 「산지관리법」을 따른다.
4. 진입도로 개설 시 폭은 최소 3미터 이상 확보할 것(단, 「천안시 도시계획 조례」 제19조에 따른 개발행위허가의 규모 초과 시 진입도로는 도시·군계획도로 또는 시·군도, 농어촌도로에 접속하여야 하며 위 도로에 접속하지 않은 경우 진입도로 폭은 최소 4미터 이상 확보하여야 한다)
5. 태양광발전시설 설치 시에는 부지경계로부터 폭 3미터 이상의 완충공간을 확보하여야 한다.
6. 태양광발전시설 부지의 경계에는 주변경관과 조화되는 경계 울타리와 차폐 수목을 식재하여야 한다.
7. 태양광모듈은 주변경관과의 이질감을 최소화하기 위하여 연속하여 100미터 이상 설치하지 아니하며, 최소 3미터 이상의 이격공간을 확보하여 잔디 등 녹지공간으로 조성하되, 경계부 차폐녹지와 연결되도록 하여야 한다.
② 제1항에도 불구하고 조성이 완료된 기존 대지의 경우에는 개발행위(공작물의 설치에 한함)를 허가할 수 있다.
③ 국가 또는 지방자치단체가 공익상의 필요에 의하여 직접 사업을 시행하는 경우에는 제1항 제1호부터 제3호까지의 규정을 적용하지 아니할 수 있다.

🢂 부여군

제5조(태양광발전시설 허가기준) ① 태양광발전시설은 다음 각 호의 기준에 적합하여야 한다. 〈개정 2017.10.13〉

1. 주요도로 경계에서 200 m 이상 이격할 것. 다만, 지형여건 등 도로와 부지 사이에 차폐가 가능한 자연적으로 형성된 지형지물이 존재할 경우에는 군계획위원회 심의를 거쳐 이를 완화 적용할 수 있다.
2. 10호 이상의 주거 밀집지역 내 가장 가까운 주택으로부터 직선거리 300 m 이상 이격되어야 하며, 5호 이상 10호 미만은 200 m 이상 이격할 것. 다만, 자가소비용 목적으로 설치하는 경우는 제외한다.
3. 관광지 및 관광단지, 공공 · 문화체육시설(학교, 공공청사, 운동장, 청소년수련시설에 한정한다) 부지 경계로부터 직선거리 500 m 이상 이격할 것
4. 「농지법」에 의거 농지전용하려는 농지가 경지정리지구 등 농업생산기반이 정비되어 있어 우량농지로 보전할 필요가 있는 집단화된 농지의 중앙 부근에 입지하지 아니할 것
5. 「산지관리법 시행령」 제20조(산지전용허가 기준 등)에 따라 산지의 헥타르당 입목축적이 150퍼센트 이상인 지역에 입지하지 않을 것

② 설치하는 공작물은 태양광발전시설 부지의 경계로부터 3 m 이상 이격하여 완충공간을 확보하고, 완충공간 경계에 높이 2 m 이상의 경계 울타리를 설치하여야 하며, 울타리는 주변경관과 조화되도록 하고 경관상 차폐가 필요한 경우에는 경계울타리 바깥쪽에 차폐수목 식재 또는 차폐막 설치를 하여야 한다.

🢂 서천군

제10조(발전시설 허가기준) ① 발전시설은 다음 각 호의 기준에 적합하여야 한다. 〈개정 2016.9.9.〉

1. 주요도로에서 250 m 안에 입지하지 아니할 것
2. 해안선에서 250 m 안에 입지하지 아니할 것. 다만, 폐염전인 경우는 제외한다.
3. 가장 가까운 인가를 기준으로 10호 이상 인가가 밀집된 지역으로부터 직선거리 400 m, 5호 이상 10호 미만 인가의 경우 직선거리 200 m, 5호 미만인 경우 직선거리 100 m 안에 입지하지 아니할 것

4. 「서천군 관광진흥에 관한 지원 조례」에 따른 주요 관광지, 공공시설 부지 경계로부터 직선거리 500 m 안에 입지하지 아니할 것
5. 농업생산기반이 정비되어 있어 우량농지로 보전할 필요가 있는 집단화된 농지의 중앙 부근에 입지하지 아니할 것
6. 세계 자연문화유산에 등재되었거나 등재 예정인 구역 내에 입지하지 아니할 것
② 국가 또는 지방자치단체 및 공공기관이 공익상의 필요에 의해 설치하는 경우나 자가소비용 목적으로 설치하는 경우는 제1항 각 호의 기준을 적용하지 않을 수 있다.
③ 제1항에도 불구하고 "건축물 옥상 태양광 발전설비 관련 설치지침 [국토교통부 건축정책과-11795(2015.11.5.)]"에 따른 설치기준을 충족하여야 하며 이 경우 건축물의 부속 건축설비로 간주하여 개발행위허가 대상에서 제외한다. 〈개정 2016.9.9.〉
④ 경계 울타리는 2m 이상의 높이로 발전시설 부지(사면을 제외한다)로부터 2 m 이상 이격하여 설치하여야 한다. 이 경우 주변경관과 조화되도록 하고 차폐수 및 차폐막 설치를 권고할 수 있다. 〈개정 2016.9.9.〉
⑤ 제1항에도 불구하고 군수가 지역여건이나 사업 특성상 특별한 사유가 있다고 인정하는 경우 군계획위원회의 심의를 거쳐 이를 완화하여 적용할 수 있다.

◆ 예산군

제7조(발전시설 허가기준) ① 발전시설은 다음 각 호의 기준에 적합하여야 한다.
 1. 주거 밀집지역으로부터 직선거리 500 m 안에 입지하지 아니하여야 하고 10호 미만의 주택이 있는 경우 200 m 안에 입지하지 아니할 것.〈개정 2017.2.1〉
 2. 경지정리 지구 등 집단화된 토지의 중앙 부근에 입지하지 아니할 것.
 3. 황새 및 슬로시티의 권역에 한해서 개발행위허가 신청 시 관련부서와 협의한다.
 4. 주요도로 경계에서 신청면적이 2,000 m² 초과 15,000 m² 이하 시 직선거리 100 m, 15,000 m² 초과 20,000 m² 이하 시 직선거리 150 m, 20,000 m² 초과 시에는 200 m 안에 입지하지 아니하여야 한다. 〈신설 2017.2.1〉
 5. 주요관광지 및 공공업무시설에서 신청면적이 2,000 m² 초과 15,000 m² 이하 시 직선거리 300 m, 15,000 m² 초과 시에는 500 m 안에 입지하지 아니하

여야 한다. 〈신설 2017.2.1〉
6. 제1호, 제4호 및 제5호의 경우 신청 부지면적이 2,000 m² 이내(이 경우 연접 개발 제한거리를 경계로부터 20미터 이상으로 한다)이거나 국가 또는 지방자치단체 및 공공기관이 공익상의 필요에 의해 설치하는 경우나 자가소비용 목적으로 설치하는 경우는 제외한다.
〈신설 2017.2.1〉
② 설치하는 공작물은 발전시설 부지의 경계로부터 3 m 이상 이격하여 완충공간을 확보하여야 한다. 다만, 발전시설 상호 간 접하는 경계의 경우에 높이 1 m 이상 울타리(휀스 또는 수목 등)를 설치할 시 완충공간을 확보하지 아니할 수 있다.
③ 제1항 제1호에도 불구하고 건축물 위에 발전시설을 하고자 하는 경우에는 일조, 통풍, 조망 및 경관 등 주변 토지이용에 지장이 없는 범위에서 개발행위를 허가할 수 있다.
④ 울타리는 주변경관과 조화되도록 하고 높이 2 m 이상의 차폐수 또는 차폐막을 권고할 수 있다. 〈신설 2017.2.1〉

● 청양군

제8조(발전시설 허가기준) ① 발전시설은 다음 각 호의 기준에 적합하여야 한다.
1. 5호 이상의 주거 밀집지역으로부터 직선거리 500 m 안에 입지하지 아니하여야 하고, 5호 미만인 경우 200 m 안에 입지하지 아니할 것. 다만, 신청 부지면적이 2,000 m² 이내(이 경우 주택부지 경계로부터 100 m 이상 이격하고, 발전사업 간의 제한거리를 경계로부터 50 m 이상으로 한다.)이거나, 국가 또는 지방자치단체 및 공공기관이 공익상의 필요에 의해 설치하는 경우나 자가소비용 목적으로 설치하는 경우에는 제외한다. 〈개정 2016.10.27.〉
2. 「농지법」 제37조 제2항 제1호에 따라 전용하려는 농지가 농업생산기반이 정비되어 있어 우량농지로 보전할 필요가 있는 집단화된 농지의 중앙 부근에 입지하지 아니할 것
3. 주요도로에서 200 m 안에 입지하지 아니할 것 〈신설 2016.10.27.〉
4. 「산지관리법 시행령」 제20조(산지전용 허가 기준 등)의 규정에 의거 산지 ha당 입목축적이 산림기본 통계상 청양군 ha당 입목축적 100% 이상인 지역에 입지하지 않을 것 〈신설 2016.10.27.〉

② 자연의 보전, 문화재와 국가중요 시설의 보호, 지역의 역사성, 그 밖의 공익 차원의 자연경관보존이 요구되는 지역에 대하여는 군 계획위원회 심의를 걸쳐 허가를 제한할 수 있다.
③ 설치하는 공작물은 발전시설 부지의 경계로부터 3 m 이상 이격하여 완충공간을 확보하여야 한다. 다만, 발전시설 상호 간 접하는 경계의 경우에 높이 1 m 이상 울타리(휀스 또는 수목 등)를 설치할 시 완충공간을 확보하지 아니할 수 있다.
④ 발전시설 부지의 경계에는 2 m 이상의 경계울타리를 설치하여야 하며, 울타리는 주변경관과 조화되도록 하고 높이 2 m 이상의 차폐수 또는 차폐막을 권고할 수 있다.
⑤ 제1항 제1호에도 불구하고 건축물 위에 발전시설을 하고자 하는 경우에는 일조, 통풍, 조망 및 경관 등 주변 토지이용에 지장이 없는 범위에서 개발행위를 허가할 수 있다.

충북

제천시

제7조(발전시설 허가기준) ① 발전시설은 다음 각 호의 기준에 적합하여야 한다.
1. 도로로부터 500미터 이내에 입지하지 아니할 것 〈개정 2016.9.23.〉
2. 자연취락지구 경계로부터 200미터 이내에 입지하지 아니할 것
3. 주거밀집지역으로부터 200미터 이내에 입지하지 아니할 것 〈개정 2016.9.23.〉
4. 충주댐 및 충주댐계획홍수위선으로부터 500미터 이내에 입지하지 아니할 것 〈개정 2016.9.23.〉
5. 농업생산기반이 정비되어 있는 우량농지로 보전할 필요가 있는 집단화된 농지의 중앙 부근 및 경지정리지구 등 집단화된 농지의 중앙 부근에 입지하지 아니할 것
② 시장은 제1항에도 불구하고 다음 각 호의 어느 하나에 해당하는 경우에는 일조, 통풍, 조망 및 경관 등 주변 토지이용과 건축물의 안전을 고려하여 허가할 수 있다.

1. 국가 또는 지방자치단체 및 공공기관이 공익상의 필요에 따라 설치하는 경우
2. 자가소비용 및 건축물 위에 설치하는 경우
③ 발전시설 부지의 경계에 2미터 이상 경계울타리를 설치하여야 하며, 울타리는 주변경관과 조화되도록 하고 차폐식재 및 차폐막 설치를 권고할 수 있다.

● 청주시

제4조(발전시설 허가) ① 개발행위허가권자는 태양광발전시설을 허가함에 있어 다음 각 호의 사항을 고려하여 허가할 수 있다.
1. 임야지역(지목이 '임')에 설치 시 도로 또는 주거 밀집지역과의 이격거리
2. 관광지와 문화재와의 이격거리
3. 완충공간 확보, 수목식재 등 주변경관과의 조화
4. 재난대비 및 유지관리를 위한 부지 내 이동 통로 확보
② 제1항의 규정에도 불구하고 다음 각 호의 어느 하나에 해당하는 경우에는 개발행위를 허가할 수 있다.
1. 국가 또는 지방자치단체 및 공공기관이 공익상의 필요에 따라 설치하는 경우
2. 자가 소비용 및 건축물 상단에 설치하는 경우
3. 도시계획위원회의 심의를 거친 경우
③ 개발행위허가권자는 건축물 상단에 태양광 발전시설이 설치되는 경우 조망, 일조, 통풍 및 경관 등 주변 토지이용과 건축물의 안전 등을 고려하여 허가할 수 있다.

● 괴산군

제4조(발전시설 허가기준) ① 태양광발전시설은 다음 각 호의 기준에 적합하여야 한다.
1. 도로부지경계로부터 직선거리 200미터 안에 입지하지 아니할 것.
2. 주거 밀집지역으로부터 직선거리 500미터 안에 입지하지 아니하여야 하고, 5호 미만의 주거지역의 경우 300미터 안에 입지하지 아니할 것.
3. 집단화된 농지 중앙 부근에 입지하지 아니할 것.
② 제1항의 규정에도 불구하고 다음 각 호의 어느 하나에 해당하는 경우에는 개발행위를 허가할 수 있다.

1. 국가 또는 지방자치단체 및 공공기관이 공익상의 필요에 따라 설치하는 경우
2. 자가 소비용 목적으로 설치하거나 건축물 위에 설치하는 경우
3. 그 밖에 군수가 필요하다고 인정하는 경우
③ 발전시설 부지경계로부터 2미터 이상 이격하여 완충 공간을 확보하여야 하고, 부지경계에 2미터 이상의 경계 울타리를 설치하여야 하며, 울타리는 주변 경관과 조화되도록 하고 경관상 차폐가 필요한 부지경계에는 차폐수 또는 차폐막을 설치하게 할 수 있다.

● 단양군

제4조(태양광 발전시설 허가기준) ① 군수는 태양광 발전시설이 다음 각 호의 어느 하나에 해당하는 위치에 입지할 때에는 허가를 아니할 수 있다.
1. 도로의 경계: 200미터 이내
2. 자연취락지구 경계: 300미터 이내
3. 주거밀집지역: 200미터 이내(5호 미만의 주거지역은 100미터 이내)
4. 남한강 하천구역선: 300미터 이내
5. 농업생산기반이 정비되어 있는 우량농지로 보전할 필요가 있는 집단화된 농지의 중앙 부근, 경지정리 등 집단화된 농지의 중앙 부근
② 군수는 제1항에도 불구하고 다음 각 호의 어느 하나에 해당하는 경우에는 허가를 할 수 있다.
1. 국가 또는 지방자치단체, 공공기관이 공익상 필요하여 설치하는 경우
2. 자가소비용 및 건축물 위에 설치하는 경우
③ 자연의 보전, 문화재, 국가 중요시설의 보호, 지역의 역사성, 그 밖의 공익 차원의 자연경관 보존이 필요한 지역은 군계획위원회 심의를 거쳐 허가를 제한할 수 있다.
④ 군수는 태양광 발전시설을 설치하는 경우 사업자에게 부지의 경계부터 3미터 이상 완충구역을 확보하도록 할 수 있다. 다만, 태양광 발전시설이 상호 접하는 경계에는 예외로 한다.
⑤ 군수는 태양광 발전시설 부지의 경계로부터 0.5미터 이상 이격하여 1.5미터 이상의 경계울타리 설치와 공공시설물(농로, 배수시설 등)이 있는 경우에는 그 대상으로부터 2미터 이상 이격하여 울타리를 설치하게 할 수 있다. 이 경우 울타리는 주변 경관과 조화가 되도록 하고 차폐식재 및 차폐막 설치를 권고

할 수 있다.
⑥ 군수는 태양광 발전시설 부지에 배수시설의 설치와, 수리계산을 하여 배수시설의 단면을 결정하도록 할 수 있다.

● 보은군

제4조(발전시설 허가기준) ① 태양광 발전시설은 다음 각 호의 기준에 적합하여야 한다.
1. 도로에서 직선거리 200미터 안에 입지하지 아니할 것.
2. 주거 밀집지역으로부터 직선거리 500미터 안에 입지하지 아니하여야 하고, 5호 미만의 주거지역의 경우 300미터 안에 입지하지 아니할 것.
3. 집단화된 농지 중앙 부근에 입지하지 아니할 것.
② 제1항의 규정에도 불구하고 다음 각 호의 어느 하나에 해당하는 경우에는 개발행위를 허가할 수 있다.
1. 국가 또는 지방자치단체 및 공공기관이 공익상의 필요에 따라 설치하는 경우
2. 자가소비용 목적으로 건축물이 있는 부지 내 설치하는 경우
3. 마을주민이 2/3찬성으로 마을공동 재산(부지)에 설치하는 경우
③ 태양광 발전시설 부지의 경계에는 2미터 이상의 경계 울타리를 설치하여야 하며, 울타리는 주변경관과 조화되도록 하여야 한다.

● 영동군

제4조(발전시설 허가기준) ① 태양광 발전시설은 다음 각 호의 기준에 적합하여야 한다.
1. 도로에서 200미터 안에 입지하지 아니할 것.
2. 주거 밀집지역으로부터 직선거리 500미터 안에 입지하지 아니하여야 하고, 5호 미만의 주거지역의 경우 200미터 안에 입지하지 아니할 것.
3. 집단화된 농지 중앙 부근에 입지하지 아니할 것.
4. 제1호부터 제3호까지의 규정에도 불구하고, 국가 또는 지방자치단체 및 공공기관이 공익상의 필요에 따라 설치하는 경우나 자가소비용 및 건축물 위에 설치하는 경우 군수가 필요하다고 인정하는 곳은 제외한다.
② 태양광 발전시설 부지의 경계에는 2미터 이상의 경계 울타리를 설치하여

야 하며, 울타리는 주변경관과 조화되도록 하고 차폐수 및 차폐막 설치를 권고할 수 있다.
③ 풍력 발전시설은 다음 각 호의 기준에 적합하여야 한다.
1. 도로나 주거 밀집지역으로부터 1,000미터 안에 입지하지 아니할 것.
2. 5호 미만의 주거지역이나 「건축법 시행령」 별표 1 제21호의 동물 및 식물 관련 시설로부터 500미터 안에 입지하지 아니할 것.

● 옥천군

제4조(발전시설 허가기준) ① 태양광 발전시설은 다음 각 호의 기준에 적합하여야 한다.
1. 도로(도로구역)에서 직선거리 200미터 안에 입지하지 아니할 것.
2. 주거 밀집지역으로부터 직선거리 300미터 안에 입지하지 아니하여야 하고, 5호 미만의 주거지역의 경우 200미터 안에 입지하지 아니할 것.
3. 「농지법」 제37조 제2항 제1호에 따라 전용하려는 농지가 농업생산기반이 정비되어 있어 우량농지로 보전할 필요가 있는 집단화된 농지 중앙 부근에 입지하지 아니할 것.
4. 제1호부터 제3호까지의 규정에도 불구하고, 국가 또는 지방자치단체 및 공공기관이 공익상의 필요에 따라 설치하는 경우나 자가소비용 및 건축물 위에 설치하는 경우에는 일조, 통풍, 조망 및 경관 등 주변 토지이용에 지장이 없는 범위에서 개발행위를 허가할 수 있다.
② 자연의 보전, 문화재와 국가중요 시설의 보호, 지역의 역사성, 그 밖의 공익 차원의 자연경관보존이 요구되는 지역에 대하여는 군계획위원회 심의를 거쳐 허가를 제한할 수 있다.
③ 설치하는 공작물은 발전시설 부지의 경계로부터 3미터 이상 이격하여 완충 공간을 확보하여야 한다.
④ 태양광 발전시설 부지의 경계에는 높이 1.5미터 이상의 경계 울타리를 설치하여야 하며, 울타리는 주변경관과 조화되도록 하고 차폐수 및 차폐막 설치를 권고할 수 있다.
⑤ 단지 내 우수에 대한 배수관로는 우수유출량 산정에 맞게 U형플륨관(콘크리트) 등 반영구적인 구조물로 설치하여야 한다.
⑥ 풍력 발전시설은 다음 각 호의 기준에 적합하여야 한다.

1. 도로나 주거 밀집지역으로부터 1,000미터 안에 입지하지 아니할 것.
2. 5호 미만의 주거지역이나 「건축법 시행령」 별표 1 제21호의 동물 및 식물 관련 시설로부터 500미터 안에 입지하지 아니할 것.

● 음성군

제8조(발전시설 허가기준) ① 발전시설은 다음 각 호의 기준에 적합하여야 하고 적합하지 않을 시 합리성 및 공정성을 보장하기 위하여 군계획위원회 심의를 거쳐 허가여부를 결정한다.
1. 도로로부터 300미터 이내에 입지하지 아니할 것
2. 자연취락지구 경계로부터 300미터 이내에 입지하지 아니할 것
3. 주거밀집지역으로부터 200미터 이내에 입지하지 아니할 것
4. 농업생산기반이 정비되어 있는 우량농지로 보전할 필요가 있는 집단화된 농지의 중앙 부근 및 경지정리지구 등 집단화된 농지의 중앙 부근에 입지하지 아니할 것

② 군수는 제1항에도 불구하고 다음 각 호의 어느 하나에 해당하는 경우에는 일조, 통풍, 조망 및 경관 등 주변 토지이용과 건축물의 안전을 고려하여 허가할 수 있다.
1. 국가 또는 지방자치단체 및 공공기관이 공익상의 필요에 따라 설치하는 경우
2. 자가소비용 및 건축물 위에 설치하는 경우

③ 발전시설 부지의 경계에 2미터 이상 경계울타리를 설치하여야 하며, 울타리는 주변경관과 조화되도록 하고 차폐식재 및 차폐막 설치를 권고할 수 있다.

● 증평군

제7조(발전시설 허가기준) ① 발전시설은 다음 각 호의 기준에 적합하여야 한다.
1. 도로(「도로법」 제2조 제1호에 따른 고속국도, 일반국도, 지방도, 시군도로 결정 고시된 도로)로부터 200미터 이내에 입지하지 아니할 것
2. 주거밀집지역으로부터(가장 가까운 주택 기준) 직선거리 200미터 안에 입지하지 아니하여야 하고, 5호 미만인 경우에는 직선거리 100미터 안에 입지하지 아니할 것
3. 농업생산기반이 정비되어 있는 우량농지로 보전할 필요가 있는 집단화된 농

지의 중앙 부근 및 경지정리지구 등 집단화된 농지의 중앙 부근에 입지하지 아니할 것
② 제1항에도 불구하고 다음 각 호의 어느 하나에 해당하는 경우에는 허가를 할 수 있다.
1. 국가 또는 지방자치단체, 공공기관이 공익상 필요하여 설치하는 경우
2. 자가소비용 및 건축물 위에 설치하는 경우
③ 제1항에도 불구하고 군수가 지역 여건이나 사업 특성상 특별한 사유가 있다고 인정하는 경우에는 군계획위원회의 심의를 거쳐 이를 완화·적용할 수 있다.
④ 「공간정보의 구축 및 관리 등에 관한 법률」제2조 제21호에 따른 하나의 필지를 둘 이상으로 나누어 발전시설을 허가할 수 없다.
⑤ 자연의 보전, 문화재, 국가 중요시설의 보호, 지역의 역사성, 그 밖의 공익차원의 자연경관 보존이 필요한 지역은 군계획위원회의 심의를 거쳐 허가를 제한할 수 있다.
⑥ 발전시설을 설치하는 경우 사업자에게 부지의 경계부터 3미터 이상 완충구역을 확보하도록 하여야 한다.
⑦ 발전시설 부지 경계에는 발전시설 보호 목적으로 경계 울타리를 설치하여야 하며, 울타리는 주변 경관과 조화되도록 하고 차폐식재 및 차폐막 설치를 권고할 수 있다.

● 진천군

제4조(태양광 발전시설 허가기준) ① 발전시설은 다음 각 호의 기준에 적합하여야 한다.
1. 도로 및 관광지 및 주거밀집지역으로부터(가장 가까운 주택 기준) 직선거리 100미터 안에 입지하지 아니할 것.〈개정 2017.07.31.〉
2. 국가 또는 지방자치단체 및 공공기관이 공익상의 필요에 따라 설치하는 경우나 자가소비용 및 건축물 위에 설치하는 경우는 제외한다.〈개정 2017.07.31.〉
3. 제1호의 규정에도 불구하고, 주거환경, 도로미관 및 주변 경관 등 여건을 고려하여 지장이 없다고 판단되는 경우에는 허가할 수 있다.〈개정 2017.07.31.〉
4. 〈삭제 2017.07.31.〉
② 태양광 발전시설 부지의 경계에는 2미터 이상의 경계 울타리를 설치하여

야 하며, 울타리는 주변경관과 조화되도록 하고 차폐수 및 차폐막 설치를 권고할 수 있다.

경남

● 고성군

제7조(발전시설 허가기준) ① 발전시설은 다음 각 호의 기준에 적합하여야 한다.
 1. 주요도로에서 직선거리 100 m 안에 입지하지 아니할 것. (다만, 가시권 내에서만 적용한다)
 2. 주거밀집지역에서 직선거리 300 m 안에 입지하지 아니할 것(다만, 가시권 내에서만 적용한다)〈개정 2016.7.27. 예규10〉
 3. 농업생산기반이 정비되어 있어 우량농지로 보전할 필요가 있는 집단화된 농지의 중앙 부근에 입지하지 아니할 것
 4. 지적법상 하나의 필지에 둘 이상을 나누어 허가를 할 수 없다.
② 국가 또는 지방자치단체 및 공공기관이 공익상의 필요에 의해 설치하는 경우나 자가소비용 목적으로 설치하는 경우는 제1항 각 호의 기준을 적용하지 않을 수 있다.
③ 발전시설 부지의 경계(다만, 발전시설간은 제외한다)에 3 m 이상 이격거리를 두어 완충공간을 확보 및 발전시설 보호 및 경계를 위하여 높이 2 m 이상의 울타리(휀스 또는 수목)를 설치하여야 하며, 울타리는 자연경관과 조화되도록 하고 차폐수 및 차폐막 설치를 권고할 수 있다.〈개정 2016.7.27. 예규10〉
④ 제1항에도 불구하고 군수가 지역여건이나 사업 특성상 특별한 사유가 있다고 인정하는 경우 군계획위원회의 심의를 거쳐 이를 완화·적용할 수 있다.

● 하동군

제7조(발전시설 허가기준) ① 발전시설은 다음 각 호의 기준에 적합해야 한다.
 1. 도로로부터 직선거리로 100미터 이내에 입지하지 아니할 것
 2. 자연취락지구 및 주거밀집지역 또는 관광지의 경계로부터 직선거리로

300 m 이내에 입지하지 아니할 것
3. 농업생산기반이 정비되어 있지 않고 집단화되지 않은 농지로서 우량농지로 보존할 가치가 없을 것
4. 경관중점관리구역에 입지하지 아니할 것
5. 「항만법」 제2조 제4호에 따른 항만구역 연변가시지역의 산지와 만조 시 해안으로부터 500 m 이내의 산지에 입지하지 아니할 것
② 다음 각 호의 어느 하나에 해당하는 경우에는 제1항의 기준을 적용하지 아니한다.
1. 국가 또는 지방자치단체 및 공공기관이 공익상의 필요에 의해 설치하는 경우
2. 자가소비용 목적 및 건축물 위에 설치하는 경우
3. 자연취락지구 및 주거밀집지역인 경우 해당마을 주민등록상 세대주의 3분의 2의 동의를 얻은 경우
③ 군수는 지역 여건이나 사업 특성상 특별한 사유가 있다고 인정하는 경우에는 군계획위원회(제1분과위원회)의 심의를 거쳐 제1항의 기준을 완화하고 적용할 수 있다.
④ 발전시설 부지 경계에 1.5미터 이상의 경계울타리를 설치하여야 하며, 주변 경관과 조화를 이루도록 차폐수 및 차폐막 설치를 하여야 한다.

경북

➡ 경주시

제5조(발전시설 허가기준) ① 발전시설은 다음 각 호의 기준에 적합하여야 한다.
 1. 도로로부터 300미터 이내에 입지하지 아니할 것
 2. 주거밀집지역으로부터 200미터 이내에 입지하지 아니할 것
 3. 관광지로부터 500미터 이내에 입지하지 아니할 것
 4. 농업생산기반이 정비되어 있는 우량농지로 보전할 필요가 있는 집단화된 농지의 중앙 부근 및 경지정리지구 등 집단화된 농지의 중앙 부근에 입지하지 아니할 것
② 시장은 제1항에도 불구하고 다음 각 호의 어느 하나에 해당하는 경우에는

일조, 통풍, 조망 및 경관 등 주변 토지이용과 건축물의 안전을 고려하여 허가할 수 있다.
1. 국가 또는 지방자치단체 및 공공기관이 공익상의 필요에 따라 설치하는 경우
2. 자가소비용 및 건축물 위에 설치하는 경우
③ 발전시설 부지의 경계에 2미터 이상 경계울타리를 설치하여야 하며, 울타리는 주변경관과 조화되도록 하고 차폐식재 및 차폐막 설치를 권고할 수 있다.

김천시

제4조(태양광발전시설 허가기준) ① 태양광발전시설은 다음 각 호의 기준에 모두 적합하여야 한다.
1. 주요도로에서 300미터 이내에 입지하지 아니하여야 하고, 농어촌도로에서는 100미터 이내에 입지하지 아니하여야 함. 다만, 지역여건을 고려하여 도로에서 지형지세 등을 통하여 차폐가 되어 경관상 저해가 없는 경우 등 김천시 도시계획위원회(이하 "도시계획위원회"라 한다)에서 인정하는 경우는 허가할 수 있다.
2. 주거 밀집지역의 가장 가까운 거리에 있는 주택에서 시설부지 경계선까지 직선거리 200미터 이내에 입지하지 아니할 것
3. 집단화된 농지(경지정리가 완료된 우량 농지)에 입지하지 아니할 것
② 태양광발전시설 부지는 인접토지와 2미터 이상 이격하여 완충공간을 확보하여 주변과 조화되도록 높이 2미터 이상의 차폐수를 설치하여야 하며, 부지 경계에는 경계 울타리를 설치하여야 한다. 다만, 태양광발전시설이 상호 접하는 경우에는 인접토지와 이격거리는 예외로 할 수 있다.
③ 국가 또는 지방자치단체, 공공기관 등이 공익상의 필요에 따라 설치하는 경우, 자가 소비용 또는 건축물 지붕에 설치하는 경우와 공공용 노외주차장에는 제1항과 제2항을 적용하지 아니한다.

문경시

제4조(태양광 발전시설에 대한 개발행위허가의 기준) ① 태양광 발전시설을 위한 개발행위허가는 주변 토지이용현황과 경관을 고려하여 다음 각 호의 기준에 모두 적합하여야 한다.
1. 주요도로에서 500미터 안에 입지하지 아니하여야 한다. 이 경우 거리기준

은 주요도로의 도로의 끝선으로부터 개발행위허가가 이루어지는 부지와의 직선거리로 한다. 다만, 지역여건을 고려하여 주요도로에서 지형지세 등을 통하여 차폐가 되어 경관상 저해가 없는 경우 등 도시계획위원회에서 인정하는 경우는 제외한다.
2. 개발행위허가 대상지로부터 직선거리 300미터 내 10호 이상 주민이 거주하는 주거 밀집지역에 입지하지 아니하여야 한다.
3. 자연취락지구, 관광지, 관광휴양형 지구단위계획구역 경계로부터 직선거리 500미터 안에 입지하지 아니하여야 한다.
4. 경지정리 등 집단화된 토지의 중앙 부근에 입지하지 아니하여야 한다.
② 시장은 제1항에도 불구하고 다음 각 호의 어느 하나에 해당하는 경우에는 일조, 통풍, 조망 및 경관 등 주변 토지이용과 건축물의 안전을 고려하여 허가할 수 있다.
1. 국가 또는 지방자치단체 및 공공기관이 공익상의 필요에 의해 설치하는 경우
2. 건축물 위에 설치하는 경우
③ 제1항에도 불구하고 시장이 지역여건이나 사업 특성상 특별한 사유가 있다고 인정하는 경우 도시계획위원회의 심의를 거쳐 이를 완화하여 적용할 수 있다.

➲ 상주시

제4조(태양광발전시설에 대한 개발행위허가의 기준) ① 태양광발전시설을 위한 개발행위허가는 주변토지 이용현황과 경관을 고려하여 다음 각 호의 기준에 모두 적합하여야 한다.
1. 주요도로에서 100미터 안에 입지하지 아니하여야 한다. 다만, 지역 여건을 고려하여 주요도로에서 지형지세 등을 통하여 차폐가 되어 경관상 저해가 없는 경우 등 도시계획위원회에서 인정하는 경우는 제외한다. 이 경우 거리기준은 주요도로의 끝선으로부터 개발행위허가가 이루어지는 부지와의 직선거리로 한다.
2. 개발행위허가 대상지로부터 자연취락지구 및 10호 이상 100미터 이내 주민이 거주하는 주거밀집 지역에 입지하지 아니하여야 한다.
② 시장은 제1항에도 불구하고 다음 각 호의 어느 하나에 해당하는 경우에는 일조, 통풍, 조망 및 경관 등 주변 토지이용과 건축물의 안전을 고려하여 허가

할 수 있다.
1. 국가 또는 지방자치단체 및 공공기관이 공익상의 필요에 의해 설치하는 경우
2. 건축물 위에 설치하는 경우
③ 제1항에도 불구하고 시장이 지역여건이나 사업특성상 특별한 사유가 있다고 인정하는 경우 도시계획위원회의심의를 거쳐 이를 완화하여 적용할 수 있다.

● 안동시

제13조(발전시설 허가기준) ① 발전시설은 다음 각 목의 기준에 모두 적합하여야 한다.
   가. 도로에서 500미터 안에 입지하지 아니할 것. 이 경우 거리 기준은 도로의 끝선으로부터 개발행위허가가 이루어지는 부지와의 직선거리로 한다. 다만, 지역여건을 고려하여 주요 도로에서 지형 지세 등을 통하여 차폐가 되어 경관상 저해가 없는 경우 등 도시계획위원회에서 인정하는 경우는 제외한다.
   나. 개발행위허가 대상지로부터 직선거리 500미터 안에 10호 이상 주민이 거주하는 주거밀집지역에 입지하지 아니할 것.
   다. 자연취락지구 및 관광지 경계로부터 직선거리 500미터 안에 입지하지 아니할 것.
   라. 경지정리 등 집단화된 토지의 중앙 부근에 입지하지 아니할 것.
② 시장은 제1항에도 불구하고 국가 또는 지방자치단체 및 공공기관이 공익상의 필요에 따라 설치하는 경우에는 일조·통풍·조망·경관 등 주변 토지이용과 건축물의 안전을 고려하여 허가할 수 있다.
③ 발전시설 부지의 경계에 높이 2미터 이상 경계울타리를 설치하여야 하며, 울타리는 주변 경관과 조화되도록 하고, 차폐림 식재 및 차폐막 설치 등의 조치를 취하여야 한다.
④ 국토교통부「개발행위허가운영지침」2-1-3.(2) 및 3-2-6.(4)의 경관 및 위해방지 체크리스트 등에 적합한 지역이어야 한다.
[본조신설 2017.3.3]

영주시

제4조(발전시설 허가기준) ① 태양광 발전시설을 위한 개발행위허가는 주변 토지이용 현황과 경관을 고려하여 다음 각 호의 기준에 모두 적합하여야 한다.
 1. 도로에서 500미터 안에 입지하지 아니하여야 한다. 이 경우 거리기준은 도로의 끝선으로부터 개발행위허가가 이루어지는 부지경계와의 직선거리로 한다. 다만, 지역여건을 고려하여 도로에서 지형지세 등을 통하여 차폐가 되어 경관상 저해가 없는 경우 등 도시계획(분과)위원회에서 인정하는 경우는 제외한다.
 2. 가장 가까운 인가(人家)를 기준으로 다음 각 목에서 정하는 직선거리 안에 입지하지 아니할 것.
　가. 10호 이상 인가(人家)가 밀집된 지역으로 직선거리 500 m 이내.
　나. 5호 이상 10호 미만 인가(人家)가 모여 있는 지역으로 직선거리 300 m 이내.
　다. 5호 미만 인가(人家)가 모여 있는 지역으로 직선거리 200 m 이내.
 3. 관광지, 관광단지 경계로부터 직선거리 1,000미터 안에 입지하지 아니하여야 한다.
 4. 경지정리 등 집단화된 토지의 중앙 부근에 입지하지 아니하여야 하며, 우량농지로 보전할 필요가 있는 지역에 입지하지 않을 것.
 5. 철새 등 조류의 이동경로 방해 및 충돌 지역에 입지하지 아니할 것.
 6. 국가지정 문화재 및 도지정 문화재로 등재 되었거나 등재 예정인 구역 내 및 구역 경계로부터 500미터 이내에 입지하지 않을 것.
 7. 관광객들의 조망권을 확보하고 자연경관을 보존하기 위한 지역에 입지하지 않을 것.
 8. 자연의 보전ㆍ문화재, 중요시설의 보호, 지역의 역사성, 그 밖의 공익 차원의 자연경관이 필요한 지역에 입지하지 않을 것.
② 시장은 제1항에도 불구하고 다음 각 호의 어느 하나에 해당하는 경우에는 일조, 통풍, 조망 및 경관 등 주변 토지이용과 건축물의 안전을 고려하여 허가할 수 있다.
 1. 국가 또는 지방자치단체 및 공공기관이 공익상의 필요에 의해 설치하는 경우
 2. 자가소비용 및 건축물 위에 설치하는 경우로서(일조, 통풍, 조망 및 경관 등 주변토지 이용에 지장이 없을 것) 시장이 필요하다고 인정하는 경우.
③ 제1항에도 불구하고 시장은 지역여건이나 사업 특성상 특별한 사유가 있다

고 인정하는 경우 도시계획(분과)위원회의 심의를 거쳐 이를 완화하여 적용할 수 있다.

④ 발전시설 부지의 경계에는 높이 2미터 이상의 경계 울타리를 설치하여야 하며, 울타리는 주변경관과 조화되도록 하고 차폐수 및 차폐막 설치를 권고할 수 있다.

⑤ 개설되는 진·출입로는 재해예방 등을 위하여 도로폭 6미터 정도(반영구적인 배수시설 포함)의 콘크리트 포장을 권고할 수 있다.

⑥ 각종 구조물(옹벽 등) 설치에 있어 안전에 필요하다고 판단될 경우에는 구조계산서(배수시설의 경우 수리계산서)를 제출하도록 할 수 있다.

⑦ 당해 마을의 주민이 참여하는 사업설명 및 사업의 이해를 구하는 노력을 성실히 이행하여야 하며, 2/3 이상의 주민이 사업에 대한 이해를 하였다는 문서를 제출하도록 할 수 있다.

⑧ 토지형질변경 여부 및 시설규모와 관련 없이 이해관계 다수인(5인 이상) 민원 발생이 예상되는 경우 도시계획(분과)위원회의 심의를 받도록 할 수 있다.

⑨ 풍력발전시설은 다음 각 호의 기준에 적합하여야 한다.

1. 도로나 주거 밀집지역으로부터 2,000미터 안에 입지하지 아니할 것.

2. 5호 미만의 주거지역이나 육상 축양장 등 생산시설로부터 1000미터 안에 입지하지 아니할 것.

3. 해당지역 주민, 학부모 등이 참여하는 주민설명회를 개최하고 2/3 이상의 동의를 얻어야 한다.

포항시

제3조(태양광 발전시설에 대한 개발행위허가의 기준) ① 태양광 발전시설을 위한 개발행위허가는 주변 토지이용현황과 경관을 고려하여 다음 각 호의 기준에 모두 적합하여야 한다. 다만, 국가 또는 지방자치단체 및 공공기관이 공익상의 필요에 따라 설치하는 경우나 자가소비용 및 건축물 위에 설치하는 경우 등 시장이 필요하다고 인정하는 곳은 제외한다.

1. 국도, 지방도, 시도 및 농어촌도로 등 주요도로에서 조망되는 자연경관 등을 훼손하지 아니할 것.

2. 10호 이상 주거 밀집지역, 관광지, 공공시설의 부지에서 조망되는 자연경관 및 미관 등을 훼손하지 아니할 것.

3. 경지정리 등 집단화된 토지의 중앙 부근에 입지하지 아니할 것.
4. 저수지 자연경관 및 생태계 교란이 발생하지 아니할 것.
② 태양광발전시설 부지의 경계로부터 3미터 이상 이격하여 완충공간을 확보하고 완충공간에는 주변경관과 조화되도록 높이 2미터 이상의 차폐수를 설치하도록 한다. 다만, 발전시설 상호 간 접하는 경계의 경우 높이 1미터 이상 울타리를 설치하거나 수목을 식재할 시 완충공간을 확보하지 아니할 수 있다.
③ 제1항에도 불구하고 시장이 지역여건이나 사업 특성상 특별한 사유가 있다고 인정하는 경우 포항시 도시계획위원회의 심의를 거쳐 이를 완화하여 적용할 수 있다.

봉화군

제9조(발전시설 설치 허가기준) ① 발전시설 설치는 다음 각 호의 기준 이내에 입지하지 아니하여야 한다.
1. 「도로법」에 따른 도로 및 국도로부터 직선거리 500미터(단, 군도 및 농어촌도로 중 2차선으로 포장된 도로를 포함한다)〈개정 2017.10.23.〉
2. 자연취락지구 및 주거밀집지역 경계로부터 직선거리 300미터(단, 5호 미만의 주거지역인 경우 직선거리 150미터 안에 입지하지 아니하여야 하나 해당 주거지역 주민의 60% 이상이 설치를 동의하는 경우에는 미적용한다)〈개정 2017.10.23.〉
3. 농업생산기반이 정비되어 있는 우량농지로 보전할 필요가 있는 집단화된 농지
4. 「관광진흥법」에 따른 관광지 및 공공시설부지의 경계로부터 500미터
5. 제1항 제1호, 제2호 및 제4호에도 불구하고 자연적으로 형성된 지형지물로 사업지구의 시설물이 차폐될 경우 미적용한다.〈신설 2017.10.23.〉
② 국가 또는 지방자치단체 및 공공기관이 공익상의 필요에 의해 설치하고자 하는 경우나, 개인 또는 법인의 소유시설물에 자가소비용 목적으로 설치하는 경우는 제1항 각 호의 기준을 적용하지 않을 수 있다.〈개정 2017.10.23.〉
③ 제1항 제1호, 제2호 및 제4호에도 불구하고 발전시설 용량 100 kw 이하 발전시설은 주변 토지 이용현황과 경관을 고려하여 허가할 수 있다.(단, 하나의 필지에 2명 이상 사업신청을 하거나, 2개 이상의 필지로 분할하여 사업신청을 하는 경우 제외한다)〈개정 2017.10.23.〉 [단서신설 2017.10.23.]
④ 같은 필지 또는 연접지구 내 2명 이상 다수인이 개인 또는 공동으로 사업을 신청한 경우(기존 발전사업부지 포함) 주변지역의 각종 자연재해에 대비한 시설

물설치계획을 제출하여야 한다. 〈개정 2017.10.23.〉

⑤ 제1항에도 불구하고 건축물 위에 설치하고자 하는 경우에는 일조, 통풍, 조망 및 경관 등 주변 토지이용과 건축물의 안전 등을 고려하여 발전시설 설치를 허가하되, 지붕이나 옥상으로부터 공작물 최상단까지의 높이를 5미터 미만으로 하여야 한다.(단,「건축법」에 따른 공작물일 경우 적용을 제외한다) 〈개정 2017.10.23.〉 [단서신설 2017.10.23.]

⑥ 환경훼손 및 재해예방을 위해 개발행위허가 규모 산정은 연접한 기존 발전사업 부지를 포함한다. 〈신설 2017.10.23.〉

⑦ 사업주는 당해 마을의 대표 및 주민이 참여하는 사업설명회 등을 통해 사업의 이해를 구하는 노력을 성실히 이행하여야 한다. 〈신설 2017.10.23.〉

⑧ 풍력발전시설은 제1항 제1호 및 제2호에도 불구하고 다음 각 호의 기준에 적합하여야 한다. 〈신설 2017.10.23.〉

1. 도로나 주거밀집지역으로부터 2,000미터 안에 입지하지 아니할 것
2. 5호 미만의 주거지역이나 가축사육시설로부터 1,000미터 안에 입지하지 아니할 것

➡ 성주군

제4조(발전시설 허가기준) ① 발전시설을 위한 개발행위허가는 주변 토지이용현황과 경관을 고려하여 다음 각 호의 기준에 적합하여야 하며, 이 경우 거리기준은 지역·지구·구역계 및 가장 가까운 필지 경계로부터 직선으로 산정한다.

1. 주요도로에서 500미터, 군도 및 2차선 이상 포장된 농어촌도로는 300미터 안에 입지하지 아니할 것. 다만, 풍력발전시설은 1,000미터 안에 입지하지 아니할 것
2. 자연취락지구 및 주거밀집지역으로부터 300미터 안에 입지하지 아니하되 10호 미만의 주민이 거주하는 경우 주택수당 30미터를 곱한 거리를 이격할 것. 다만, 풍력발전시설은 1,000미터 안에 입지하지 아니할 것
3. 관광지, 관광휴양형 지구단위계획구역 경계로부터 직선거리 500미터 안에 입지하지 아니할 것
4. 경지정리(농업진흥지역 내) 등 집단화된 토지의 경우 가장자리에 위치하며, 그 구역 외의 토지와 연접할 것
5. 저수지 자연경관 및 생태계 교란이 발생하지 아니할 것

6. 자연의 보전, 문화재, 국가 중요시설의 보호, 지역의 역사성, 그 밖에 공익차원의 자연경관 보존이 필요한 지역
7. 기존 전기사업허가 및 예정 부지 경계에서 다음 각 목의 기준에 적합할 것
    가. 발전시설 용량 100 kw 이하 시설은 발전사업허가 사업부지 경계로부터 30미터 이내에 입지하지 아니할 것
    나. 발전시설 용량 100 kw 초과 시설은 발전사업허가 사업부지 경계로부터 50미터 이내에 입지하지 아니할 것

② 제1항에도 불구하고 발전시설 용량 100 kw 이하 시설은 주변 토지이용현황과 경관을 고려하여 허가할 수 있다. 다만, 동일 사업자 및 신규 사업자 구분 없이 연접하여 허가할 수 없다.

③ 성주군수는 제1항 및 제2항에도 불구하고 다음 각 호의 어느 하나에 해당하는 경우에는 일조, 통풍, 조망 및 경관 등 주변 토지이용현황과 건축물의 안전을 고려하여 허가할 수 있다.
1. 국가 또는 지방자치단체 및 공공기관이 공익상의 필요에 의해 설치하는 경우
2. 건축물 위 또는 조성이 완료된 대지에 설치하는 경우

● 영덕군

제2조(적용범위) ① 「국토의 계획 및 이용에 관한 법률」, 같은 법 시행령과 시행규칙, 국토교통부의 「개발행위허가운영지침」, 「영덕군 군획 조례」 및 그 밖의 법령에서 정한 사항을 제외하고는 이 지침에 따른다.

② 태양광 발전시설을 위한 개발행위허가는 주변 토지이용현황과 경관을 고려하여 다음 각 호의 기준에 모두 적합하여야 한다. 다만, 국가 또는 지방자치단체 및 공공기관이 공익상의 필요에 따라 설치하는 경우나 자가소비용 및 건축물 위에 설치하는 경우 등 군수가 필요하다고 인정하는 곳은 제외한다.

1. 고속도로, 국도, 국가지원지방도, 지방도, 군도, 농어촌도로에서 직선거리로 200 m 안에 입지하지 아니할 것. 단, 농지법에 따른 농지에서는(제4호에 해당하는 경우 제외) 거리 제한을 적용하지 아니한다. 〈개정 2018.2.13〉
    가. 도로는 2차선 이상 도로에 한하며, 이격 거리는 도로 중앙선을 기준으로 한다.
    나. 철도 시설로 결정된 진출입로(터널출입구)에서 직선거리 200 m 이내는 제한 한다. 〈신설 2018.2.13〉

2. 10호 이상 주거 밀집지역으로부터(가장 가까운 주택 외벽 기준) 직선거리 100 m 안에 입지하지 아니하여야 하고, 10호 미만인 경우 가장 가까운 주택을 기준으로 50 m 이상 이격하여야 한다.

    가. 주거밀집지역: 직경 100 m 이내 10호 이상 모여있는 지역

3. 관광지, 공원, 유원지, 문화재에서 직선거리로 200 m 안에 입지하지 아니할 것.

    가. 문화재는 영덕군 지정문화재로 한다.

4. 경지정리 등 집단화된 토지의 중앙 부근에 입지하지 아니할 것.

③ 사업부지 경계와 태양광발전시설간 최소 2미터 이상 이격하여 완충공간을 확보하고, 완충공간에는 주변경관과 조화되도록 높이 2미터 이상의 수목을 식재하도록 한다. 다만, 발전시설 상호 간 접하는 경계의 경우 높이 1미터 이상 울타리를 설치하거나 수목을 식재할 시 완충공간을 확보하지 아니할 수 있다. 〈개정 2018.2.13〉

③ 제1항에도 불구하고 군수가 지역여건이나 사업 특성상 특별한 사유가 있다고 인정하는 경우 영덕군 군계획위원회의 심의를 거쳐 이를 완화하여 적용할 수 있다.

⑤ 대규모 공공사업 시행지 또는 시행 예정지와 인접한 지역은 군계획위원회 자문을 거쳐 인허가 여부를 결정할 수 있다.

● 예천군

제4조(발전시설 허가기준) ① 태양광 발전시설은 다음 각 호의 기준에 적합하여야 한다.

1. 「도로법」에 의한 도로의 경계로부터 500미터(다만, 군도의 경우 200미터) 이내에 위치하지 아니하여야 한다.

2. 자연취락지구 및 10호 이상의 자연마을이 형성된 지역의 경계로부터 300미터(다만, 10호 미만의 자연마을이 형성되어 있는 경우 각 주택부지경계에서 150미터) 이내에 위치하지 아니하여야 한다.

3. 「관광진흥법」에 따른 관광지 및 관광휴양형 지구단위계획구역 경계로부터 500미터 이내에 위치하지 아니하여야 한다.

② 국가 또는 지방자치단체 및 공공기관이 공익상의 필요에 의해 설치하고자 하는 경우나, 자가소비용 목적으로 설치하는 경우는 제1항 각 호의 기준을 적용하지 않을 수 있다.

③ 제1항에도 불구하고 부지면적 2,000제곱미터 이하이고 설비용량 100kw 미만인 발전시설을 설치하거나, 건축물 위에 설치하고자 하는 경우에는 일조, 통풍, 조망 및 경관 등 주변 토지이용과 건축물의 안전, 인접토지 재해 예방 등을 고려하여 발전시설 설치를 허가하되, 지붕이나 옥상으로부터 공작물 최상단까지의 높이가 3미터 이상을 넘지 않아야 한다.(다만, 하나의 필지를 2개 이상의 필지로 분할하여 설치하는 경우는 제외)
④ 발전시설 부지의 경계로부터 3미터 이상 이격하여 완충 공간을 확보하여야 하고, 완충 공간에는 주변경관과 조화되도록 울타리 설치 또는 수목 식재 등을 하여야 한다. 다만, 발전시설 상호 간 접하는 경계의 경우 높이 1미터 이상 울타리를 설치하거나 수목을 식재할 시 완충 공간을 확보하지 아니할 수 있다.
⑤ 제1항에도 불구하고 군수가 지역여건이나 사업 특성상 특별한 사유가 있다고 인정하는 경우 군계획위원회의 심의를 거쳐 이를 완화하여 적용할 수 있다.

울진군

제3조(태양광 발전시설) ① 태양광 발전시설을 위한 개발행위허가는 주변 토지이용 현황과 경관을 고려하여 다음 각 호의 기준에 모두 적합하여야 한다. 다만, 국가 또는 지방자치단체 및 공공기관이 공익상의 필요에 의해 설치하는 경우나 자가소비용 및 건축물 위에 설치하는 경우 등 군수가 필요하다고 인정하는 곳은 제외한다.〈개정 2017.9.6.〉
1. 국도, 지방도, 군도, 면도 및 군계획도로 등 주요도로에서 1,000미터 안에 입지하지 아니할 것.
2. 삭제〈2017.9.6.〉
3. 경지정리 등 집단화된 토지의 중앙 부근에 입지하지 아니할 것
4. 산림청 "산지정보시스템(산림공간정보서비스)" 상 5영급 이상 지역에 입지하지 아니할 것
② 태양광발전시설 개별부지의 경계로부터 3미터 이상 이격하여 완충공간을 확보하고 완충공간에는 주변경관과 조화되도록 높이 2미터 이상의 차폐수를 설치하도록 하며, 향후 양호한 토지이용을 고려하여 기반시설이 갖추어지지 않은 필지 분할은 제한한다.〈개정 2017.9.6.〉
③ 제1항에도 불구하고 다음 각 호의 경우 군계획위원회의 심의를 거쳐 이를 완화하여 적용할 수 있다.〈개정 2017.9.6.〉
1. 지역 여건이나 사업 특성상 특별한 사유가 있다고 인정하는 경우

2. 휴경지, 공한지 등 농경지는 주변여건을 고려하여 주요도로에서 지형지세 등을 통하여 차폐가 되어 경관상 저해가 없는 경우. 다만, 농경지의 무분별한 잠식과 난개발을 예방하기 위하여 하나의 필지 또는 여러 필지의 토지를 이용한 택지식(도로형태를 갖추고 그 필지에 다수 필지를 접하게 한 형태), 바둑판식(도로형태를 갖추지 않은 다수 격자형태) 형태의 신청지는 사업자가 다르더라도 토지의 분할 시점, 기존 토지의 소유주, 개별 발전사업허가 여부 등을 종합적으로 검토하여 입지를 제한할 수 있다.
[제목개정 2017.9.6.]

◆ 의성군

제10조(발전시설 허가기준) ① 발전시설은 다음 각 호의 기준 이내에 입지하지 아니하여야 한다.
1. 「도로법」에 의한 도로로부터 500미터(단, 군도는 200미터)
2. 자연취락지구 및 주거밀집지역 경계로부터 200미터
3. 농업생산기반이 정비되어 있는 우량농지로 보전할 필요가 있는 집단화된 농지의 중앙 부근
4. 「관광진흥법」에 따른 관광지 및 공공시설부지의 경계로부터 500미터
5. 건축물의 지붕이나 옥상에 설치하는 공작물일 경우 도시미관과 건축물의 안전 등을 고려하여 지붕에서 공작물 최상단까지의 높이가 2미터 이상을 넘지 아니할 것.
② 군수는 제1항에도 불구하고 다음 각 호의 어느 하나에 해당하는 경우에는 일조, 통풍, 조망 및 경관 등 주변 토지이용과 건축물의 안전을 고려하여 허가할 수 있다.
1. 국가 또는 지방자치단체 및 공공기관이 공익상의 필요에 따라 설치하는 경우.
2. 자가소비용 및 건축물 위에 설치하는 경우.
3. 그 밖에 군수가 필요하다고 인정하는 경우.
③ 발전시설 부지의 경계에 높이 2미터 이상 경계울타리를 설치하여야 하며, 울타리는 주변경관과 조화되도록 하고 차폐림식재 및 차폐막 설치 등의 조치를 취하여야 한다.

청도군

제4조(발전시설 허가기준) ① 태양광 발전시설은 다음 각 호의 기준에 적합하여야 한다.
  1. 주요교통시설의 끝선으로부터 300미터 안에 개발행위허가 대상지가 입지하지 아니하여야 한다.(개정 2017.6.23.)
  2. 개발행위허가 대상지 경계로부터 직선거리 300미터 안에 주거 밀집지역이 입지하지 아니하여야 한다.(개정 2017.6.23.)
  3. 자연취락지구, 관광지, 관광휴양형 지구단위계획구역, 문화재 경계로부터 직선거리 500미터 안에 입지하지 아니하여야 한다.(개정 2017.6.23.)
  4. 경지정리지구 등 집단화된 농지 중앙 부근에 입지하지 아니하여야 한다.(신설 2017.6.23.)
② 제1항에도 불구하고 다음 각 호의 어느 하나에 해당하는 경우에는 일조, 통풍, 조망 및 경관 등 주변 토지이용과 건축물의 안전을 고려하여 허가할 수 있다.(개정 2017.6.23.)
  1. 국가 또는 지방자치단체 및 공공기관이 공익상의 필요에 따라 설치하는 경우
  2. 건축물(가설건축물은 제외한다) 위에 설치하고자 하는 경우(개정 2017.6.23.)
③ 태양광 발전시설 부지의 경계에는 2미터 이상의 경계 울타리를 설치하여야 하며, 울타리는 주변경관과 조화되도록 하고 차폐수 및 차폐막 설치를 권고할 수 있다.
④ 풍력발전시설은 다음 각 호의 기준에 적합하여야 한다.
  1. 주요교통시설의 끝선으로부터 1,000미터 안에 개발행위허가 대상지가 입지하지 아니하여야 한다.(개정 2017.6.23.)
  2. 개발행위허가 대상지 경계로부터 직선거리 500미터 안에 주거 밀집지역이 입지하지 아니하여야 한다.(개정 2017.6.23.)

칠곡군

제4조(발전시설에 대한 개발행위허가의 기준) ① 발전시설을 위한 개발행위허가는 주변 토지이용현황과 경관을 고려하여 다음 각 호의 기준 이내에 입지하지 아니하여야 한다.(거리는 지역·지구·구역계 및 가상 가까운 필지 경계로부터 산정한다)
  1. 주요 교통시설로부터 500미터(군도 250미터) 안에 입지하지 아니할 것(단, 풍력발전시설은 1,000미터 안에 입지하지 아니할 것)
  2. 자연취락지구 및 주거밀집지역으로부터 300미터 안에 입지하지 아니할 것(단, 풍력발전시설은 1,000미터 안에 입지하지 아니할 것)

3. 관광지, 관광휴양형 지구단위계획구역 경계로부터 직선거리 500미터 안에 입지하지 아니할 것
4. 경지정리(농업진흥지역 내) 등 집단화된 토지의 중앙 부근에 입지하지 아니할 것
5. 자연의 보전, 문화재, 국가 중요시설의 보호, 지역의 역사성, 그 밖의 공익차원의 자연경관 보존이 필요한 지역
6. 기존 전기사업허가 및 예정 부지 경계에 연접한 지역
② 제1항에도 불구하고 발전시설 용량 100 kW 이하 시설은 주변 토지 이용현황과 경관을 고려하여 허가할 수 있다.(단, 100 kW 이하 시설은 동일사업자 및 신규 사업자 구분 없이 연접하여 허가할 수 없다.)
③ 군수는 제1항 및 제2항에도 불구하고 다음 각 호의 어느 하나에 해당하는 경우에는 일조, 통풍, 조망 및 경관 등 주변 토지이용과 건축물의 안전을 고려하여 허가할 수 있다.
1. 국가 또는 지방자치단체 및 공공기관이 공익상의 필요에 의해 설치하는 경우
2. 본래의 목적을 유지하는 건축물 위 또는 기 조성된 부지에 설치하는 경우
3. 군수가 필요하다고 인정하는 경우
④ 군수는 제1항 및 제2항에도 불구하고 지역여건이나 사업 특성상 특별한 사유가 있다고 인정하는 경우 도시계획위원회의 심의를 거쳐 이를 완화하여 적용할 수 있다.

강원

강릉시

제6조(발전시설 허가기준) ① 발전시설은 다음 각 호의 기준에 적합하여야 한다.
1. "도로"로부터 사업부지 경계까지 직선거리 100미터 이내에 입지하지 아니할 것
2. "주거밀집지역" 경계로부터 직선거리 100미터 이내에 입지하지 아니할 것(단, 세대주 전체 동의 시 허용)
3. "주요관광지" 경계로부터 직선거리 100미터 이내에 입지하지 아니할 것
4. 농업생산기반이 정비(경지정리)되어 있는 "우량농지"로 보전할 필요가 있는 집단화된 농지에 입지하지 아니할 것
② 제1항에도 불구하고 다음 각 호의 어느 하나에 해당하는 경우에는 일조, 통

풍, 조망 및 경관 등 주변 토지이용과 건축물의 안전을 고려하여 허가할 수 있다.
1. 국가 또는 지방자치단체가 공익상의 필요에 따라 설치하는 경우
2. 자가소비용 및 건축물 위에 설치하는 경우
③ 발전시설 부지의 경계에는 높이 1.5미터 이상의 경계울타리를 설치하여야 하며 필요하다고 인정되는 경우에는 주변경관과 조화될 수 있도록 차폐식재 및 차폐막을 하도록 권고할 수 있다.
④ 제1항에도 불구하고 시장은 지역여건이나 사업 특성상 특별한 사유가 있다고 인정하는 경우 도시계획위원회의 심의를 거쳐 이를 완화·적용할 수 있다.

➔ 동해시

제9조(발전시설 허가기준) ① 발전시설은 다음 각 호의 기준에 적합하여야 한다.
1. 도로에서 200미터 이내에 입지하지 아니할 것
2. 가장 가까운 인가(人家)를 기준으로 다음 각 목에서 정하는 직선거리 안에 입지하지 아니할 것
   가. 10호 이상 인가(人家)가 밀집된 지역으로부터 직선거리 500 m
   나. 5호이상 10호 미만 인가(人家)의 경우 300 m
   다. 5호 미만인 경우 100 m
3. 주요 관광지, 공공시설 부지 경계로부터 직선거리 500 m 이내에 입지하지 아니할 것
4. 「농지법」 제37조 제2항 제1호에 따라 전용하려는 농지가 농업생산기반이 정비되어 있어 우량농지로 보전할 필요가 있는 집단화된 농지의 중앙 부근에 입지하지 아니할 것
5. 개설되는 진입도로에는 콘크리트 등으로 포장을 권고할 수 있으며, 재해예방을 위하여 진입도로 양측에 배수시설 구조물을 설치할 것
② 국가 또는 지방자치단체 및 공공기관이 공익상의 필요에 따라 설치하는 경우, 「산업입지 및 개발에 관한 법률」에 따른 국가·지방산업단지에 설치하는 경우, 자가소비용 목적으로 설치하는 경우 또는 발전시설 부지면적을 330제곱미터 이하로 설치하는 경우에는 제1항 각 호의 기준을 적용하지 않는다.
③ 제1항에도 불구하고 건축물에 설치하는 태양광 발전시설은 "건축물 옥상 태양광 발전설비 관련 설치지침[국토교통부 건축정책과-11795(2015.11.5.)]"에 따른 설치기준을 충족하여야 하며, 이 경우 건축물의 부속 건축설비로 간주하여 개발행위허가 대상에서 제외한다.
④ 발전시설 부지의 경계에는 높이 2미터 이상의 경계 울타리를 설치하여야 하

며, 울타리는 주변경관과 조화되도록 설치하여야 한다.
⑤ 제1항에도 불구하고 시장은 지역여건이나 사업 특성상 특별한 사유가 있다고 인정하는 경우 도시계획위원회의 심의를 거쳐 이를 완화·적용할 수 있다.

● 고성군

제4조(발전시설의 허가기준) ① 발전시설은 다음 각 호의 기준에 적합하여야 한다.
 1. 도로로부터 직선거리 100미터 이내에 입지하지 않을 것.
 2. 가장 가까운 주택부지의 경계로부터 다음 각 목에서 정하는 직선거리 이내에 입지하지 않을 것.
   가. 주거밀집지역의 경우: 직선거리 200미터
   나. 5호 이상 10호 미만인 경우: 직선거리 150미터
   다. 5호 미만인 경우: 직선거리 100 m
 3. 주요관광지, 문화재 등의 경계로부터 200미터 이내에 입지하지 않을 것.
 4. 농업생산 기반이 정비되어 우량농지로 보존할 필요가 있는 집단화된 농지에 입지하지 않을 것.
 5. 자연생태계와 자연경관이 훼손될 우려가 있어 공익적으로 보전이 필요하다고 인정되는 지역에 입지하지 않을 것.
② 군수는 제1항에도 불구하고 다음 각 호의 어느 하나에 해당하는 경우에는 일조, 통풍, 조망 및 경관 등 주변 토지이용과 건축물의 안전을 고려하여 허가할 수 있다.
 1. 국가 또는 지방자치단체 및 공공기관이 공익상의 필요에 따라 설치하는 경우.
 2. 자가소비용 및 건축물 위에 설치하는 경우.
 3. 발전시설 규모가 100Kw 이하인 소규모 발전시설을 설치하는 경우. 다만, 이 경우 발전사업 간의 거리제한은 100미터 이상으로 한다.
③ 경계울타리(차폐수, 차폐막)는 발전시설 부지로부터 최소 2미터 이상 이격하여 주변경관과 조화되도록 높이 2미터 이상으로 설치하여야 한다.

● 양구군

제4조(발전시설의 허가기준) ① 발전시설은 다음 각 호의 기준에 적합하여야 한다.
 1. 도로로부터 직선거리 100 m 이내에 입지하지 않을 것.

2. 주거밀집지역으로부터(가장 가까운 주택 기준) 직선거리 100미터 이내에 입지하지 아니하여야 하고, 10호 미만인 경우에는 직선거리 50미터 이내에 입지하지 않을 것. 다만, 해당마을 전체 주민들이 동의할 경우 허용할 수 있음.
3. 농지에 입지한 발전시설이 100 kW 이상일 경우, 발전시설 하부 토지에 대한 생산성 증대활용계획서를 제출할 것.
4. 농업생산 기반이 정비되어 우량농지로 보전할 필요가 있는 지역에 입지하지 않을 것.
5. 지목에 관계없이 수목이 우거져 산림을 보호할 필요가 있는 지역에 입지하지 않을 것.
6. 자연경관이 심히 훼손될 우려가 있어 보존이 필요하다고 인정되는 지역에 입지하지 않을 것.
7. 인접토지의 일조권(그림자 등) 침해방지를 위해 정북방향 기준 시설물 최대 높이의 2배 이상 이격거리를 둘 것. (단, 그 외의 방향은 지적선에서 2 m의 이격거리를 둘 것)
② 제1항에도 불구하고 다음 각 호의 어느 하나에 해당하는 경우에는 허가할 수 있다.
1. 국가 또는 지방자치단체, 공공기관이 공익상 필요하여 설치하는 경우
2. 자가소비용 및 공공청사, 주택 제1종 및 제2종 근린생활시설, 농업용창고, 공장, 축사 등 기존의 건축물에 설치하는 경우.
3. 2년 이상 양구군에 주민등록을 두고 있는 농업인이 농지를 이용 소득 창출을 목적으로 100 kw 이하 소규모 발전시설을 설치하는 경우. 단, 발전시설 거리는 100 m 이상 이격된 시설을 1개 시설로 본다.
③ 제1항에도 불구하고 군수가 지역 여건이나 사업 특성상 특별한 사유가 있다고 인정하는 경우에는 군계획위원회의 심의를 거쳐 이를 완화하여 적용할 수 있다.
④ 자연의 보전, 문화재, 국가 중요시설의 보호, 지역의 역사성, 주요 관광지, 그 밖의 공익차원의 자연경관 보존이 필요한 지역은 군계획위원회의 심의를 거쳐 허가를 제한할 수 있다.

양양군

제6조(발전시설 허가기준) ① 발전시설은 다음 각 호의 기준에 적합하여야 한다.

1. 왕복 2차로 이상의 포장된 도로로부터 100미터 이내에 입지하지 아니할 것
2. 10호 이상의 주민이 거주하는 주거밀집지역 경계로부터 100미터 이내에 입지하지 아니할 것
3. 주요 관광지, 문화재 등의 경계로부터 100미터 이내에 입지하지 아니할 것
4. 지적법상 하나의 필지에 둘 이상을 나누어 허가를 할 수 없으며, 동일한 필지를 분할하는 경우 3년이 경과되어야함.
5. 농업생산 기반이 정비되어 있거나 농업기반 정비사업 시행예정인 지역으로 편입되어 우량농지로 보존할 필요가 있는 집단화된 농지의 중앙부근에 입지하지 않을 것.
6. 자연생태계와 자연경관이 훼손할 우려가 있어 공익적으로 보전이 필요하다고 인정되는 지역에 입지하지 않을 것.
② 군수는 제1항에도 불구하고 다음 각 호의 어느 하나에 해당하는 경우에는 일조, 통풍, 조망 및 경관 등 주변 토지이용과 건축물의 안전을 고려하여 허가할 수 있다.
1. 국가 또는 지방자치단체 및 공공기관이 공익상의 필요에 따라 설치하는 경우
2. 자가소비용 및 건축물 위에 설치하는 경우
③ 사업부지 경계와 발전시설 간 최소 2미터 이상 이격하여 완충공간을 확보하고, 완충공간에는 주변경관과 조화되도록 높이 2미터 이상의 차폐수목을 식재하도록 한다. 다만, 발전시설 상호 간 접하는 경계의 경우 높이 1미터 이상 울타리를 설치하거나 수목을 식재할 시 완충공간을 확보하지 아니할 수 있다.
〈개정 2018.2.7〉

영월군

제8조(발전시설 허가기준) ① 발전시설은 다음 각 호의 기준에 적합하여야 한다.
1. 도로법에 따른 도로로부터 500미터 이내에 입지하지 아니할 것. 다만, 산능선 등으로 조성된 비가시권 구역은 300미터 이내로 입지 제한
2. 「농어촌도로 정비법」제4조 제2항에 따른 면도, 리도 및 도시계획도로, 2차선 이상 포장도로 경계로부터 200미터 이내에 입지하지 아니할 것. 다만, 산능선 등으로 조성된 비가시권 구역은 100미터 이내로 입지 제한
3. 가장 가까운 인가를 기준으로 다음 각 목에서 정하는 직선거리 안에 입지하지 아니할 것

가. 5호 이상의 인가가 밀집된 지역으로부터 직선거리 500 m
　　나. 5호 미만의 경우 직선거리 200 m
4. 주요관광지, 공공시설 부지 경계로부터 직선거리 500 m 안에 입지하지 아니할 것
5. 농업생산기반이 정비되어 있는 우량농지로 보전할 필요가 있는 집단화된 농지의 중앙 부근 및 경지정리지구 등 집단화된 농지의 중앙 부근에 입지하지 아니할 것
② 영월군수는 제1항에도 불구하고 다음 각 호의 어느 하나에 해당하는 경우에는 일조, 통풍, 조망 및 경관 등 주변 토지이용과 건축물의 안전을 고려하여 허가할 수 있다.
1. 국가 또는 영월군 및 공공기관이 공익상의 필요에 따라 설치하는 경우
2. 자가소비용 및 건축물 위에 설치하는 경우
③ 위 1항에서 규정한 구역 내에서 지역주민들이 지역발전을 위하여 요청하는 경우, 영월군계획위원회 심의를 통하여 동 거리제한을 완화하여 적용할 수 있다.
④ 발전시설 부지의 경계에 2미터 이상 경계울타리를 설치하여야 하며, 울타리는 주변경관과 조화되도록 하고 차폐식재 및 차폐막 설치를 권고할 수 있다.

● 정선군

제7조(발전시설 허가기준) ① 발전시설은 다음 각 호의 기준에 적합하여야 한다.
1. 도로에서 200미터 이내에 입지하지 아니할 것
2. 주거 밀집지역으로부터 200미터 이내에 입지하지 아니할 것
3. 자연취락지구 및 관광지 경계로부터 200미터 이내에 입지하지 아니할 것
4. 「농지법」제37조 제2항 제1호에 따라 전용하려는 농지가 농업생산기반이 정비되어 있어 우량농지로 보전할 필요가 있는 집단화된 농지의 중앙부근에 입지하지 아니할 것
② 발전시설 부지의 경계에는 높이 2미터 이상의 경계 울타리를 설치하여야 하며, 울타리는 주변경관과 조화되도록 설치하여야 한다.

● 평창군

제7조(발전시설 허가기준) ① 발전시설은 다음 각 호의 기준에 적합하여야 한다.

1. 도로로부터 500미터 이내에 입지하지 아니할 것
  2. 주거밀집지역으로부터(가장 가까운 주택 기준) 직선거리 500미터 이내에 입지하지 아니하여야 하고, 5호 미만인 경우에는 직선거리 300미터 이내에 입지하지 아니할 것
  3. 농업생산기반이 정비되어 있는 우량농지로 보전할 필요가 있는 집단화된 농지의 중앙 부근 및 경지정리지구 등 집단화된 농지의 중앙 부근에 입지하지 아니할 것
② 제1항에도 불구하고 다음 각 호의 어느 하나에 해당하는 경우에는 허가할 수 있다.
  1. 국가 또는 지방자치단체, 공공기관이 공익상 필요하여 설치하는 경우
  2. 자가소비용 및 건축물 위에 설치하는 경우
③ 제1항에도 불구하고 군수가 지역 여건이나 사업 특성상 특별한 사유가 있다고 인정하는 경우에는 군계획위원회의 심의를 거쳐 이를 완화·적용할 수 있다.
④ 자연의 보전, 문화재, 국가 중요시설의 보호, 지역의 역사성, 그 밖의 공익차원의 자연경관 보존이 필요한 지역은 군계획위원회의 심의를 거쳐 허가를 제한할 수 있다.
⑤ 발전시설을 설치하는 경우 사업자에게 부지의 경계로부터 5미터 이상 완충구역을 확보하도록 하여야 한다.

● 홍천군

제9조(발전시설 허가기준) ① 발전시설은 다음 각 호의 기준에 적합하여야 한다.
  1. 도로법에 따른 도로에서 직선거리 500 m 안에 입지하지 아니할 것
  2. 농어촌도로, 도시계획도로, 2차선 이상 포장도로(농어촌도로, 도시계획도로는 개설이 완료된 도로에 한정한다)에서 직선거리 200 m 안에 입지하지 아니할 것
  3. 가장 가까운 인가(人家)를 기준으로 다음 각 목에서 정하는 직선거리 안에 입지하지 아니할 것
      가. 10호 이상 인가(人家)가 밀집된 지역으로부터 직선거리 500 m
      나. 5호 이상 10호 미만 인가(人家)의 경우 직선거리 300 m
      다. 5호 미만인 경우 직선거리 100 m
  4. 주요 관광지, 공공시설 부지 경계로부터 직선거리 500 m 안에 입지하지 아니할 것

5. 농업생산기반이 정비되어 있어 우량농지로 보전할 필요가 있는 집단화된 농지의 중앙 부근에 입지하지 아니할 것
6. 개설되는 진입도로에는 콘크리트 등으로 포장을 권고할 수 있으며, 재해예방을 위하여 진입도로 양측에 반영구적인 배수시설을 설치할 것
② 국가 또는 지방자치단체 및 공공기관이 공익상의 필요에 따라 설치하는 경우나 발전시설 부지면적을 1,000 m² 이하로 설치하는 경우에는 제1항 각 호의 기준을 적용하지 않을 수 있다.
③ 제1항에도 불구하고 건축물에 설치하는 태양광 발전시설은 "건축물 옥상 태양광 발전설비 관련 설치지침[국토교통부 건축정책과-11795(2015.11.5.)]"에 따른 설치기준을 충족하여야 하며, 이 경우 건축물의 부속 건축설비로 간주하여 개발행위허가 대상에서 제외한다.
④ 경계 울타리는 2 m 이상의 높이로 발전시설 부지(사면을 제외한다)로부터 2 m 이상 이격하여 설치하되, 발전시설 설치 구조물 최대 높이 이상 이격하여 설치하여야 한다. 이 경우 주변경관과 조화되도록 하고 차폐수 또는 차폐막을 설치하여야 한다.
⑤ 제1항에도 불구하고 군수가 지역 여건이나 사업 특성상 특별한 사유가 있다고 인정하는 경우 군계획위원회의 심의를 거쳐 이를 완화하여 적용할 수 있다.

● 횡성군

제4조(발전시설 허가기준) ① 태양광 발전시설은 다음 각 호의 기준에 적합하여야 한다.
1. 도로의 경계로부터 500미터 이내에 개발행위허가 대상지가 입지하지 아니하여야 한다. 다만, 도로에서 지형지세 등(인위적 차폐 제외)을 통하여 차폐가 되어 경관상 비가시권인 경우는 300미터 이내로 입지를 제한한다.
2. 가장 가까운 주택부지의 경계로부터 다음 각 목에서 정하는 거리 이내에 개발행위허가 대상지가 입지하지 아니하여야 한다.
　가. 자연취락지구 및 주거 밀집지역의 경우: 직선거리 500미터
　나. 5호 이상 10호 미만 주거지역의 경우: 직선거리 300미터
　다. 5호 미만인 경우: 직선거리 150미터
3. 관광지, 유원지, 관광휴양형 지구단위계획구역, 문화재 등 경계로부터 직선거리 500미터 이내에 입지하지 아니하여야 한다.

4. 「농지법」 제37조 제2항 제1호에 따라 전용하려는 농지가 농업생산기반이 정비되어 우량농지로 보존할 필요가 있는 집단화된 농지에 입지하지 아니한다.
② 삭제 〈2018. 2. 5.〉
③ 국가 또는 지방자치단체 및 공공기관이 공익상의 필요에 따라 설치하는 경우와 공공청사, 주택, 제1종 및 제2종 근린생활시설, 농업용창고, 공장, 축사 등 기존의 건축물이나 국·공유지에 설치하는 발전시설은 제1항을 적용하지 아니한다.
④ 개설되는 진.출입로는 재해예방 등을 위하여 「국토의 계획 및 이용에 관한 법률 시행령」 제55조 개발행위허가의 규모에 따른 도로 폭의 콘크리트 포장(반영구적인 배수시설 포함)을 권고할 수 있다.
⑤ 제1항에도 불구하고 군수가 주변경관 등 지역여건상 주민피해가 없다고 판단되거나 특별한 사유가 있다고 인정되는 경우 군계획(개발분과)위원회의 심의를 거쳐 이를 완화·적용할 수 있다.

경기

여주시

제7조(태양광 발전시설 허가 기준) ① 태양광 발전시설은 우량농지의 중앙 부근에 입지하지 아니하여야 한다. 〈일부개정 2017.10.24〉
② 제1항에도 불구하고 다음 각 호의 어느 하나에 해당하는 경우에는 개발행위를 허가할 수 있다.
1. 국가 또는 지방자치단체 및 공공기관이 공익상의 필요에 따라 설치하는 경우
2. 자가 소비용 목적으로 설치하거나 건축물 위에 설치하는 경우
3. 태양광 발전시설 부지 면적이 2,000제곱미터 이하로 일조, 통풍, 조망, 경관 등 주변 토지 이용과 건축물의 안전, 재해 예방 등 시장이 지장이 없다고 인정하는 곳에 설치하는 경우
③ 태양광 발전시설은 부지의 경계로부터 3미터 이상 이격하여 완충 공간을 확보하여야 하고, 완충공간에는 주변경관과 조화되도록 울타리 설치 또는 수목 식재 등을 하여야 한다. 다만, 태양광 발전시설 상호 간 접하는 경계의 경우 높

이 1미터 이상 울타리를 설치하거나 수목을 식재할 시 완충 공간을 확보하지 아니할 수 있다.
④ 제1항에도 불구하고 시장이 지역 여건이나 사업 특성상 특별한 사유가 있다고 인정하는 경우 여주시 도시계획 제2분과위원회 심의를 거쳐 이를 완화하여 적용할 수 있다.

● 연천군

제7조(발전시설 허가기준) ① 발전시설은 다음 각 호의 기준에 적합하여야 한다.
 1. 도로에서 직선거리 100 m 안에 입지하지 아니할 것
 2. 하천 또는 소하천에서 직선거리 100 m 안에 입지하지 아니할 것
 3. 관련법에서 정한 지정문화재에서 직선거리 100 m 안에 입지하지 아니할 것
 4. 관광지 경계로부터 직선거리 100 m 안에 입지하지 아니할 것
 5. 주거 밀집지역으로 10호 이상 인가(人家)가 밀집된 지역으로부터 직선거리 100 m 안에 입지하지 아니할 것
 6. 「공간정보의 구축 및 관리 등에 관한 법률」상 하나의 필지에 둘 이상의 사업부지로 나누어 개발하지 아니할 것
 7. 개설되는 진입도로에는 콘크리트 등으로 포장을 권고할 수 있으며, 재해예방을 위하여 진입도로 양측과 다른 도로와 연결부에 반영구적인 배수시설을 설치할 것
② 제1항에도 불구하고 다음 각 호의 어느 하나에 해당하는 경우에는 허가할 수 있다.
 1. 국가·지방자치단체 또는 공공기관이 공익상 필요에 따라 설치하는 경우
 2. 국가 또는 지방자치단체와 발전사업자 간에 사전 협약 체결한 경우
 3. 연천군수가 지역 여건이나 사업 특성상 특별한 사유가 있다고 인정하여 군계획위원회 심의를 거칠 경우
③ 제1항에도 불구하고 건축물에 설치하는 태양광 발전시설은 "건축물 옥상 태양광 발전설비 관련 설치지침[국토교통부 건축정책과-11795(2015.11.5.)]"에 따른 설치기준을 충족하여야 하며, 이 경우 건축물의 부속 건축설비로 간주하여 개발행위허가 대상에서 제외한다.
④ 경계 울타리는 2 m 이상의 높이로 발전시설(사면을 제외한다)로부터 3 m 이

상 이격하여 설치하되, 발전시설 설치 구조물 최대 높이 이상 이격하여 설치하여야 한다. 이 경우 주변경관과 조화되도록 하고 차폐시설 설치 또는 가림나무 식재를 하여야 한다.

부록 2   태양광 관련 서류서식

■ 전기사업법 시행규칙 [별지 제1호서식] 〈개정 2013.3.23〉

전기사업 허가신청서

※ 바탕색이 어두운 난은 신청인이 작성하지 않습니다.

접수번호		접수일자		처리기간	60일
신청인	대표자 성명			주민등록번호	
	주소				
	상호			전화번호	
신청 내용	사업의 종류				
	설치장소				
	사업구역 또는 특정한 공급구역				
	전기사업용 전기설비에 관한 사항				
	사업에 필요한 준비기간				

「전기사업법」 제7조제1항 및 같은 법 시행규칙 제4조에 따라 위와 같이 (   )사업의 허가를 신청합니다.

년   월   일

신청인   (서명 또는 인)

산업통상자원부장관
시 · 도지사   귀하

첨부서류	「전기사업법 시행규칙」 제4조제1항 각 호의 어느 하나에 해당하는 사항 각 1부	수수료
산업통상자원부장관 또는 시 · 도지사 확인사항	법인 등기사항증명서	없음

※ 첨부서류(「전기사업법 시행규칙」 제4조제1항 관련)
1. 「전기사업법 시행규칙」 별표 1의 작성요령에 따라 작성한 사업계획서
2. 사업개시 후 5년 동안의 「전기사업법 시행규칙」 별지 제2호서식의 연도별 예상사업손익산출서
3. 배전선로를 제외한 전기사업용전기설비의 개요서
4. 배전사업의 허가를 신청하는 경우에는 사업구역의 경계를 명시한 5만분의 1 지형도
5. 구역전기사업의 허가를 신청하는 경우에는 특정한 공급구역의 위치 및 경계를 명시한 5만분의 1 지형도
6. 발전사업 또는 구역전기사업의 허가를 신청하는 경우에는 송전관계일람도
7. 발전사업 또는 구역전기사업의 허가를 신청하는 경우에는 발전원가명세서
8. 신용평가의견서(「신용정보의 이용 및 보호에 관한 법률」 제2조제4호에 따른 신용정보업자가 거래신뢰도를 평가한 것을 말합니다) 및 재원 조달계획서
9. 전기설비의 운영을 위한 기술인력의 확보계획을 적은 서류
10. 신청인이 법인인 경우에는 그 정관 및 직전 사업연도말의 대차대조표 · 손익계산서
11. 신청인이 설립 중인 법인인 경우에는 그 정관
12. 전기사업용 수력발전소 또는 원자력발전소를 설치하는 경우에는 발전용 수력의 사용에 대한 「하천법」 제33조제1항의 허가 또는 발전용 원자로 및 관계시설의 건설에 대한 「원자력법」 제11조제1항의 허가사실을 증명할 수 있는 허가서의 사본(허가신청 중인 경우에는 그 신청서의 사본)

※ 발전설비용량이 3천킬로와트 이하인 발전사업(발전설비용량이 200킬로와트 이하인 발전사업은 제외합니다)의 허가를 받으려는 자는 제1호, 제6호, 제7호, 제9호 및 제12호 서류를 첨부하고, 발전설비용량이 200킬로와트 이하인 발전사업의 허가를 받으려는 자는 제1호 및 제5호의 서류를 첨부합니다.

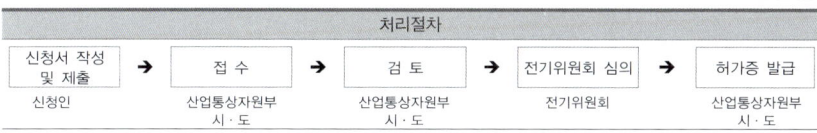

처리절차

신청서 작성 및 제출 (신청인) → 접 수 (산업통상자원부 시 · 도) → 검 토 (산업통상자원부 시 · 도) → 전기위원회 심의 (전기위원회) → 허가증 발급 (산업통상자원부 시 · 도)

210mm×297mm(백상지 80g/m²)

■ 전기사업법 시행규칙 [별지 제3호서식] 〈개정 2013.3.23〉

사업허가 변경신청서

※ 바탕색이 어두운 난은 신청인이 작성하지 않습니다.

접수번호		접수일자		처리기간	60일
신청인	대표자 성명			주민등록번호	
	주소				
	상호			전화번호	
사업 구분	사업의 종류				
	사업장소				
	사업규모				
	사업구역 또는 특정한 공급구역				
변경 사항	변경 전				
	변경 후				
	변경사유				
	변경예정 연월일				

「전기사업법」 제7조제1항 및 같은 법 시행규칙 제5조제2항에 따라 위와 같이 사업허가 변경을 신청합니다.

년   월   일

신청인   (서명 또는 인)

산업통상자원부장관
　　시·도지사   귀하

첨부서류	변경내용을 증명하는 서류	수수료 없음

처리절차

신청서 작성 및 제출	→	접 수	→	검 토	→	전기위원회 심의	→	변경허가증 발급
신청인		산업통상자원부 시·도		산업통상자원부 시·도		전기위원회		산업통상자원부 시·도

※ 작성방법: 발전사업자의 경우에는 "사업구역 또는 특정한 공급구역"란은 적지 않습니다

210mm×297mm(백상지 80g/㎡)

[붙임 2]

전력거래계약(PPA) 신청서
(신재생에너지 발전전력 1,000 kW 이하)

접수번호 :
접수일자 :　　년　　월　　일

1. 발전사업자 기재사항

발전사업자	성 명 (상호)		상업운전 희망일	．　．　．
	신청인거주지		전화번호	
	전력거래대금 통보 방법	휴대폰 ( )	이메일 주소 ( )	
	대표자 성명		주민등록번호	─
	사업자등록사항	등록번호 : 업　태 :	상　호 : 종　목 :	
	정부지원내역	정부무상지원금액 :	총 설비투자액 :	

2. 발전사업허가서에 관한 사항

발전사업허가번호		※ 발전설비 현장약도
허 가 일 자		
설 치 장 소		
발 전 방 식	고정식 또는 추적식 표기(태양광인 경우)	
허가용량(kW)	발전사업허가증의 용량	
시설용량(kW)	모듈의 정격표시출력의 합 (태양광인 경우)	
공 급 전 압		
공 급 방 식		
주 파 수		

3. 기타 사항

사용전검사자			사용전검사	사용전검사일	검사필증접수일
공 급 설 비 공사업체명		(인)	공사업체 면허번호	공사업체 전화번호	

＊ 공사업체명에는 유자격 업체명을 기재하고 공사업체(또는 대표자)의 인감을 날인하여야 합니다.

4. 가족관계 사항 (4촌 이내 친족 및 그 배우자가 한전에 근무하는 경우 작성)

한전근무직원* 유무	성명	관계	근무부서
있음( ), 없음( )			

＊ 한전근무직원이란, 4촌 이내 친족 및 그 배우자 중에 한국전력공사에 재직중인 임직원을 의미하며, 이에 해당하는 신청자는 해당내용에 대한 자율적인 정보제공 및 수집·이용에 동의

귀사와 붙임과 같이 전력거래계약 체결을 신청합니다.

　　　　　　　　　년　　　월　　　일

전력거래계약 체결 신청자 :　　　　　　　　　(인)

붙임서류 : 전력거래계약서(안) 1부
　　　　　 사업자등록증 사본1부
　　　　　 발전사업허가증 사본1부 (자가용설비설치자는 제외)

담 당	차 장	부 장

한국전력공사

[별지 1-1호 서식]

전기사용 신청서(Ⅰ)
(계약전력 5 kW 이하)

☐ **전기사용자**

고 객 명*		신청일자 및 접수번호	20 . . .
전기사용장소*		상호(공동주택)	
주민등록번호*	–	전 화 번 호*	)
e-mail	@	휴 대 전 화*	– –

☐ **건축물(토지) 소유자**

소 유 자 명*		주 소*	
주민등록번호*	–	전 화 번 호*	,

"*" 표시는 개인정보 필수입력사항입니다. 법인은 법인명 및 법인등록번호를 기재하여 주시기 바랍니다.

☐ **계약사항**

신 청 구 분		공급방식	상 선식 V	계약종별	전력
계 약 전 력	kW	사용용도		주생산품	
요금청구장소	전기사용장소 ☐	기타장소 ☐ (			)
자 동 이 체	은행명 : 예금주 : 계좌번호 : 생년월일 : ※ 매월 전기요금의 1% 감액(1,000원 한도) 예금주명의가 신청인과 다른 경우 별도서식에 작성				
이 메 일 청 구	신청 ☐ 이메일 주소 : (매월 200원 전기요금 할인)				
모 바 일 청 구	신청 ☐ 휴대전화번호 : (매월 200원 전기요금 할인)				
세금계산서발행	사업자등록번호 :	상 호 :		업태 :	종목 :
사 용 전 점 검 기 관	한 전 ☐	주택용 및 일부 농사용 고객	사 용 전 점검일정	접 수 일 (내선의뢰)	점 검 희망일	점검필증 확 인 일
	안전공사 ☐	한전점검분을 제외한 전고객 (고객 희망시 한전분도 점검 가능)				
전 기 공 사 업 체 명		(인)	면허번호			
			전화번호			
사 용 희 망 일	20 . .	전주관리 변압기설치 전주번호 :		인입전주 번호 :	

전기공사업체가 대리신청하는 경우 유자격 내선공사 업체명을 기재하고 공사업체의 인감을 날인하여야 합니다.

귀 공사의 전기공급약관을 준수할 것을 동의하오며 위와 같이 전기사용을 신청합니다.

- 부득이한 사유로 전기공급 중지시 피해가 발생할 우려가 있는 경우에는 전기공급약관에 따라 비상용 자가발전기, 무정전전원공급장치(UPS), 결상보호장치, 정전경보장치 등의 적절한 자체 보호장치를 시설하여 피해가 발생하지 않도록 주의하겠습니다.
- 전기사용신청은 실제 사용자 명의로 신청하며, 매매(임대차) 등으로 전기사용계약자가 변경되는 경우에는 그 변경내용을 14일 이내에 한전에 통지하겠습니다.
- 사용설비 용량 또는 전기사용 용도가 변경되어 계약전력 또는 계약종별의 변경이 있는 경우 1개월 이내에 한전에 알리겠으며, 변경내용을 알리지 않아 발생하는 한전의 손해배상 청구(위약금 등)에 대해서는 이의신청을 하지 않겠습니다.

20   년   월   일

전기사용자   (인)

위 전기사용신청에 대하여 사용자 명의로 전기사용 신청함을 동의합니다.

소 유 자   (인)

■ 전기사업법 시행규칙 [별지 제28호서식] 〈개정 2013.3.23〉

사용 전 검사 신청서

※ 바탕색이 어두운 난은 신청인이 작성하지 않습니다. (앞 쪽)

접수번호		접수일자		처리기간	
신청인	대표자 성명		전화번호		
	회사명 또는 상호		사업자등록번호		
	주소				
시공자	대표자 성명		㉑ 전화번호		
	회사명 또는 상호		전기공사업 등록번호	제	호
	주소				
검사받을 전기설비에 관한 사업장 명칭 및 소재지					
전 기 설 비 개 요					
검사받을 공사공정					
검사희망연월일		년	월	일	
사용개시예정연월일		년	월	일	

「전기사업법」 제63조와 같은 법 시행규칙 제31조제5항에 따라 위와 같이 사용전검사를 신청합니다.

년　월　일

신 청 인　　　　(서명 또는 인)

한국전기안전공사사장 귀하

첨부서류	1. 공사계획인가서 또는 신고수리서 사본(저압자가용전기설비의 경우는 제외합니다) 2. 「전력기술관리법」 제2조제3호에 따른 설계도서 및 「전력기술관리법」 제12조의2제4항에 따른 감리원 배치확인서(저압자가용전기설비의 설치공사인 경우만 해당하며, 저압자가용전기설비의 증설·변경공사의 경우는 제외합니다) 3. 자체감리를 확인할 수 있는 서류(전기안전관리자가 자체감리를 하는 경우만 해당합니다) 4. 전기안전관리자 선임신고증명서 사본 1부	수수료 「전기사업법」 제97조에 따라 산업통상자원 부령으로 정하는 금액

작성방법

전기설비 개요란에는 전기설비의 종류 및 용량을 적습니다.

210mm×297mm(백상지 80g/m²)

■ 전기사업법 시행규칙 [별지 제6호서식] 〈개정 2014.11.21.〉

사업개시 신고서

※ 바탕색이 어두운 난은 신고인이 작성하지 않습니다.

접수번호		접수일자		처리기간	14일
신고인	대표자 성명		생년월일		
	주소				
	상호		전화번호		
	소재지				
신고 내용	사업개시 연월일				
	사업내용				

「전기사업법」 제9조제4항 및 같은 법 시행규칙 제8조에 따라 위와 같이 사업개시를 신고합니다.

년   월   일

신고인　　　　　　(서명 또는 인)

산업통상자원부장관　귀하
시·도지사

첨부서류	사업개시를 증명할 수 있는 서류	수수료 없음

처리절차

신고서 작성 및 제출　→　접　수　→　신고 수리
　　신고인　　　　　산업통상자원부　　　산업통상자원부
　　　　　　　　　　　시·도　　　　　　시·도

※ 작성방법: 「전기사업법」 제9조제3항에 따라 전기사업별 또는 전기설비별로 구분하여 적습니다(전기사업별 또는 전기설비별로 구분하여 준비기간을 지정받은 경우만 해당합니다).

210mm×297mm(백상지 80g/m²)

[별지 제3호서식]

공인인증서 발급대상 설비확인 신청서

신청인	상호(법인명)			사업자등록번호		
	대표자명			연락처(전화번호)		
	주 소					

발전소현황		발전소명					
		소재지					
		전력판매처	☐ 한국전력공사 ☐ 한국전력거래소 ☐ 신·재생에너지 인증건축물				
		용량(kW)	허가		면적(m²)	모듈	
			설치			건축	
		발전사업허가번호 (자가용설비 제외)			계약번호(발전기코드)		
					상업운전개시일	년 월 일	
		사용전검사확인증 발행번호			사용전검사일		
		계통구분	☐ 1인입 ☐ 별도인입 ☐ 기타		한전고객번호	☐☐-☐☐☐☐-☐☐☐☐	
		담당자명			부서/직책		
		연락처			이메일		
	발전방식	태양광 (☐ ESS)	☐ 건축물 등 활용	☐ 건축물	주용도		
					사용승인일	년 월 일	
				☐ 기존 시설물 ☐ 수상태양광			
			☐ 일반부지 활용	☐ 동일사업자 ☐ 분할사업자 ☐ 주민참여			
		풍력 (☐ ESS)	☐ 육상풍력 ☐ 해상풍력 – 연계거리 : ( ) km 가중치 (○ 고정형 ○ 변동형)				
		바이오 폐기물	☐ 바이오 ☐ 목질계 바이오매스 전소발전 ☐ 폐기물 ☐ 매립지 가스 ☐ 폐기물 가스화 ☐ RDF 전소발전				
		수력/조류/ 조력	☐ 수력 ☐ 조류 ☐ 조력 – 기존방조제 ○ 有 ○ 無 가중치 (○ 고정형 ○ 변동형)				
		기타	☐ 연료전지 ☐ IGCC ☐ 부생가스 ☐ 지열-가중치(○고정형 ○변동형) ☐ 수열 ☐ 자가용발전				

재원	총투자비	백만원	자체조달 등 (일반융자, PF 포함)		백만원
			공급의무자조달 (SPC만 해당)		백만원
			무상지원금	국가	백만원
				지자체	백만원

위와 같이 공급인증서 발급대상 설비확인을 신청합니다.

년 월 일

신청인(대표자)   (인)

신·재생에너지센터 소장 귀하

※ 설비확인신청서 및 첨부서류 각 1부.

[별지 제7호서식]

신·재생에너지 공급인증서 발급 신청서

신청자	상호(법인명)		사업자등록번호	
	대표자명		연락처(전화번호)	
	주 소			

발전소현황	발전소명			
	소재지			
	전력판매처	☐ 한국전력공사 ☐ 한국전력거래소 ☐ 신·재생에너지 인증건축물		
	용량(kW)		면 적(m^2)	
	담당자명		부서/직책	
	연락처		이메일	

설비확인	관리번호	
	에너지원	
	가중치	

신청	신청대상기간 (전력공급기간)	년 월 ~ 년 월		
	전력공급량 (당해신청대상)	MWh	(이전)이월분	MWh
발급	공급인증서 발급(예정)량	REC	차기이월분 (미발행잔여분)	MWh
			발급수수료	원

위와 같이 신·재생에너지 공급인증서 발급을 신청합니다.

년   월   일

신청인(대표자)

신·재생에너지센터 소장 귀하

※ 참고사항: 1. 산출된 발급수수료를 납부하여야 신청서가 접수 처리됩니다.
2. 전력공급량은 소수점 이하 3자리까지 기재합니다.
3. 공급인증서 발급후 소수점이하분은 차기 공급인증서 발급시 합산됩니다.
4. 바이오 및 폐기물에너지를 이용한 설비는 제19조6항에 따른 관련 자료를 관리시스템을 통해 제출하여야 합니다.

[별지 제12호서식] 〈개정 2017.3.21〉

고정가격 경쟁입찰 사업자 선정 의뢰서

의뢰자	상 호 명		사업자등록번호	
	대 표 자		전 화 번 호	
	주　　소			
의뢰용량(kW)			kW (가중치 1.0을 적용한 설비용량)	

「공급인증서 발급 및 거래시장 운영에 관한 규칙」에 따라 위와 같이 고정가격계약 경쟁입찰 사업자 선정을 의뢰하며, 절차에 따라 선정된 사업자와 계약단가로 상업운전개시일(계약일 이전에 상업운전을 개시한 경우는 계약일)로부터 20년의 기간 동안 태양광 공급인증서 매매계약을 체결할 것을 확약합니다.

년　　　월　　　일

의뢰자　　　　　　　　(인)

신·재생에너지센터 소장 귀하

[별지 제13호서식] 〈개정 2017.3.21〉

신·재생에너지 공급의무화제도
고정가격 경쟁입찰 참여서

<table>
<tr><td rowspan="3">사업자</td><td>상 호 명</td><td></td><td>사업자등록번호</td><td colspan="3"></td></tr>
<tr><td>대 표 자</td><td></td><td>전 화 번 호</td><td colspan="3"></td></tr>
<tr><td>주 소</td><td colspan="5"></td></tr>
<tr><td rowspan="3">발전소</td><td>발 전 소 명</td><td colspan="5"></td></tr>
<tr><td>설치장소 소재지</td><td colspan="5"></td></tr>
<tr><td>발전사업허가번호</td><td colspan="2"></td><td>허 가 용 량</td><td colspan="2">kW</td></tr>
<tr><td rowspan="8">참여내용</td><td>에너지원</td><td colspan="2"></td><td>ESS 참여 여부</td><td>☐ 예</td><td>☐ 아니오</td></tr>
<tr><td rowspan="2">에너지원
입찰용량</td><td rowspan="2" colspan="2">kW</td><td rowspan="2">ESS
입찰용량</td><td>배터리</td><td>kWh</td></tr>
<tr><td>PCS</td><td>kW</td></tr>
<tr><td>입찰가격
(SMP+1REC)</td><td colspan="2">원</td><td colspan="3">※ 입찰가격은 SMP(원/MWh)와
REC(원/REC)의 총합으로 기재</td></tr>
<tr><td rowspan="3">발전소 입지</td><td colspan="2">2015.3.12 이전 기준 적용 시</td><td colspan="3">2015.3.13 이후 기준 적용 시</td></tr>
<tr><td colspan="2">☐ 건축물 또는 기존시설물 이용
(가중치: 1.5)
☐ 전, 답, 과수원, 목장용지, 임야
등 5개 지목(가중치: 0.7)
☐ 기타 23개 지목(100 kW 이상)
(가중치: 1.0)
☐ 기타 23개 지목(100 kW 미만)
(가중치: 1.2)</td><td colspan="3">☐ 건축물 또는 기존시설물 이용
(가중치: 1.5)
☐ 수상태양광(가중치 1.5)
☐ 일반부지(가중치: 0.7~1.2)
☐ 에너지저장장치(가중치 : 5.0)</td></tr>
<tr><td colspan="5">※ 2015.3.12 이전 기준 적용 시 상업운전개시일 기준 5년전 지목이며
건축물 또는 기존시설물 이용은 예외</td></tr>
</table>

「공급인증서 발급 및 거래시장 운영에 관한 규칙」을 준수할 것을 확약하며 본 입찰에 참여합니다.

년   월   일

입찰참여자   (인)

신·재생에너지센터 소장 귀하

※ 첨부서류: 1. 사업내역서 1부.
　　　　　　2. 제출서류 각 1부.

[별지 제14호서식] 〈개정 2017.3.21〉

신·재생에너지 공급의무화제도
(에너지원) 공급인증서 매매계약서 (표준양식)

계약자	발주자	상 호 명		사업자등록번호				
		대 표 자		전 화 번 호				
		주 소						
	계약상대자	발 전 소 명		사업자등록번호				
		대 표 자		전 화 번 호				
		주 소						
		설비현황	에너지원					
			설비용량	태양광		kW		
				ESS	PCS	kW	배터리	kWh
		에너지원 가중치						
		소재지						

계약내용		
계 약 기 간		
계약방식 (선택)	고정가격	계약단가
☐ SMP+1REC가격	원	고정가격 – 월단위 전력거래가격
☐ SMP¹⁾+REC가격×가중치 1) 입찰 공고문에서 제시한 전력거래가격	원	(고정가격 – 월단위 전력거래가격) ÷ 가중치
공급인증서 매매량 (예상)	REC/년 * 연평균 가동률 기준의 예상전력량에 가중치를 적용한 추정치	
계약 보증금	금 (종류 :)	원정 (₩) , 면제사유 :)

발주자(구매자)와 계약상대자는「공급인증서 발급 및 거래시장 운영에 관한 규칙」에 따라 발급된 공급인증서를 판매 및 구매할 것을 확약하며 이 계약의 증거로서 계약서를 작성하여 당사자가 기명날인한 후 각각 1통씩 보관한다.

년   월   일

발 주 자   (인)
계약상대자   (인)

※ 첨부서류: 계약 일반조건 등 발주자의 규정에 의한 필요서류
※ 참고사항: 1. 공급인증서 발급수수료는 계약상대자가 부담하며, 거래수수료는 쌍방이 각각 부담한다.
            2. 고정가격이란 선정사업자의 입찰가격을 기준으로, 선정사업자가 선택한 계약방식에 따라 결정된 최종가격을 말한다.
            3. 계약기간은 계약일로부터 20년(단, 태양광 연계형 ESS의 경우 15년)으로 한다.
              단, 계약일 이후에 상업운전을 개시한 경우는 상업운전개시일로부터 기산한다.

찾아보기

개발행위허가 96, 97, 105
건물 지원사업 38
계통연계 99
고정가격계약 71
고정가변식 110, 111, 112
고정식 110, 111

농촌 태양광발전사업 41

단독주택용 태양광발전 22

미니 태양광발전 15

발전사업 개시 115
발전소건설 공사 108
부가세 126

사업용 태양광발전 61
사용 전 검사 113
상속세 128
세무지식 125
소득세 126
솔라 모듈 13
솔라 셀 11, 12

솔라 어레이 13
신 · 재생에너지 50, 52, 53
신 · 재생에너지 정책 56

영농 복합형사업 136
영농형 태양광발전 25
운영, 유지, 보수 123
인버터 85
인허가 절차 102
일조시간 92

재산세 125
전기공사 113
전기사업 발전허가 96
전력거래 계약 114
주민참여형 135
주택용 태양광발전 21
주택 지원사업 28
증여세 129
지역 지원사업 40
지지대 110

추적식 110, 111

태양광 대여사업　32
태양광발전 시스템　14
태양전지　11
토지세　125

3020정책　133
ESS　14, 115
ESS대여사업　121

FIT　62
kWh　15
REC　66
REC 거래방법　70
REC 대상설비 확인　114
RPA　62, 63
RPS　63, 64

내가 직접 설치하는
DIY 태양광발전

지은이 박건작
펴낸이 조승식
펴낸곳 (주) 도서출판 북스힐
등록 제22-457호(1998년 7월 28일)
주소 서울시 강북구 한천로 153길 17
홈페이지 www.bookshill.com
E-mail bookshill@bookshill.com
전화 (02) 994-0071
팩스 (02) 994-0073

2018년 8월 5일 1판 1쇄 인쇄
2018년 8월 10일 1판 1쇄 발행

값 18,000원

ISBN 979-11-5971-152-7

* 잘못된 책은 구입하신 서점에서 바꿔드립니다.